内蒙古党校（行政学院）学术文库

新时代西部民族地区
文化产业高质量发展研究

安静赜　董晓萍　郭启光　李丽　著

中国财经出版传媒集团

经济科学出版社

Economic Science Press

图书在版编目（CIP）数据

新时代西部民族地区文化产业高质量发展研究／安静
颐等著 . —北京：经济科学出版社，2020.10
ISBN 978 – 7 – 5218 – 2009 – 6

Ⅰ.①新…　Ⅱ.①安…　Ⅲ.①民族地区 – 文化产业 –
产业发展 – 研究 – 西北地区 ②民族地区 – 文化产业 – 产
业发展 – 研究 – 西南地区　Ⅳ.①G127

中国版本图书馆 CIP 数据核字（2020）第 205824 号

责任编辑：凌　健　杜　鹏
责任校对：蒋子明
责任印制：王世伟

新时代西部民族地区文化产业高质量发展研究
安静颐　董晓萍　郭启光　李　丽　著
经济科学出版社出版、发行　新华书店经销
社址：北京市海淀区阜成路甲 28 号　邮编：100142
总编部电话：010 – 88191217　发行部电话：010 – 88191522
网址：www. esp. com. cn
电子邮件：esp@ esp. com. cn
天猫网店：经济科学出版社旗舰店
网址：http：//jjkxcbs. tmall. com
固安华明印业有限公司印装
710 × 1000　16 开　13 印张　210000 字
2021 年 1 月第 1 版　2021 年 1 月第 1 次印刷
ISBN 978 – 7 – 5218 – 2009 – 6　定价：79.00 元
（图书出现印装问题，本社负责调换。电话：010 – 88191510）
（版权所有　侵权必究　打击盗版　举报热线：010 – 88191661
QQ：2242791300　营销中心电话：010 – 88191537
电子邮箱：dbts@ esp. com. cn）

编 委 会

前　　言

　　我国西部民族地区在数千年的发展历程中，孕育了多姿多彩、底蕴丰厚的民族文化，成为我国最具特色的文化资源富集区。西部民族地区丰富的文化资源是西部民族地区发展最重要、最宝贵的资源之一，为文化产业的发展提供了坚实的基础和条件。在全国大力发展文化产业的大背景下，西部民族地区的这一特色恰好符合现代社会发展趋势，成为西部民族地区实现经济社会跨越式发展、缩小与东部地区发展差距的必然选择。然而，尽管西部民族地区近年来文化产业发展速度明显加快，但总体上仍处于起步阶段，不仅比重低、规模小，文化资源优势尚未转化为文化产业优势，其表现在发展方式上主要还依靠文化产品的低端生产、低技术含量、低附加值的数量扩张型粗放式发展。西部民族地区文化资源还未充分产业化，经济优势并没有完全发挥出来。因此，西部民族地区如何发展文化产业、如何转变文化产业发展方式依然是其面临的一项重要任务。目前，基于国内外已有文化产业研究成果的局限性，导致无法适应西部民族地区文化产业迅猛发展的需要。西部文化产业转型发展的实践，迫切需要更具现实性、系统性的理论研究成果，这正是本书研究的根本出发点和落脚点。

　　本书对西部民族地区文化产业高质量发展展开研究，主要包括以下内容：第一，系统剖析西部民族地区文化产业发展现状；第二，深入探究影响西部民族地区文化产业实现高质量发展的影响因素；第三，分析西部民族地区文化产业转型发展的机遇与可行性；第四，明确西部民族地区文化产业转型发展的战略思路与重点；第五，厘清西部民族地区文化产业转型发展中的政府作用机理与角色定位；第六，进行西部民族地区文化产业高质量发展的路径设计与政策体系构建。

本书的主要研究结论如下：（1）发展规模方面，西部民族地区文化产业法人单位数量、从业人员规模、资产规模年均增速均低于全国平均水平。发展绩效方面，西部民族地区文化产业利润水平、创新水平（专利授权数）、综合实力（文化产业发展综合指数）整体偏低，与东部地区存在较大差距。产业集聚方面，西部民族地区文化产业集聚水平较低，不利于产业竞争力提升。在文化产业三大细分行业中，文化制造业空间基尼系数最高，文化批发和零售业次之，文化服务业最低。发展效率方面，剔除了外部环境因素和随机干扰因素后的三阶段 DEA 模型测算结果表明，西部民族地区文化产业综合技术效率为 0.7674，低于东部和中部地区平均水平，表明西部民族地区文化产业投入存在较大冗余，约有 23% 的劳动和资本投入并未创造出相应的产出价值。提高经营管理水平和调整生产规模有助于西部民族地区文化产业综合效率提升。（2）基于 Malmquist 生产率指数及其分解指数的测算结果表明，技术进步是推动西部民族地区文化产业全要素生产率增长的主要力量，而技术效率（包括纯技术效率和规模效率）对全要素生产率增长的贡献较小。西部各民族地区文化产业全要素生产率增长表现出明显的地区差异性，其中四川和云南地区文化产业全要素生产率增长较快，宁夏、甘肃、新疆、贵州地区文化产业全要素生产率增长缓慢。样本考察期间，西部民族地区文化产业整体全要素生产率对文化产业产出增长的贡献份额平均为 43%，低于劳动和资本投入对文化产业产出增长的贡献份额。这表明西部民族地区文化产业增长主要依赖劳动、资本等生产要素投入增加来推动，尚未充分依靠技术进步和技术效率提升来驱动文化产业发展。因此，我国西部民族地区文化产业发展方式的粗放式和外延型特征较为明显，尚未实现由粗放型发展方式向集约型发展方式转变。基于系统 GMM 估计法的实证结果显示，文化市场需求增加、城市化水平提高、人力资本积累有助于西部民族地区文化产业实现高质量发展，分散的文化市场结构则不利于西部民族地区文化产业发展。此外，文化产业集聚和文化产业政策对西部民族地区文化产业发展并未产生显著影响。（3）文化及相关产业政策的不断优化，尤其是针对民族地区文化产业发展的政策相继推出，为西部民族地区文化产业转型发展提供了良好的政策环境。"互联网＋"通过推动文化产业跨界融合、释放文化产业新动能、创造文化产业新需求，从而为西部民族地区文化产业创新发展带来新机遇、提供新动能。旅游产业与文化产业融合发展通过开拓文化产业价值链延伸新渠道、开辟民族文化"走出去"新途径等机制为西部民族地区文化产业转型发展提供可行性。"一带一路"倡议有助于西部民族地区通过培育特色文化产业实现产业结构升级，为文化产业实现跨区域协作创造了新条件、为文化旅游发展提供了历史性机遇、为民族文化走向世界提供了重要契机。（4）西部民族地区文化产业转型发展的战略思路是：从战略上确立文化产业转型发展的应有空间，以资源禀赋结构的升级支撑文化产业内生动力，以制度创新为文化产业结构优化升级提供保障，以涵育社会文化为文化产业转型创造人文环境。由于西部民族地区具有与东中部地区不同的自身特征，因此，西部民族地区文化产业转型发展须在遵循文化发展特殊性、顺应文化产业发展客观规律的同时，一方面要充分发挥政府的制度创新对于文化产业培育和发展的干预、扶持、创新与激励作用，美国、英国、日本、韩国等国家的实践经验也表明政府扶持在各国文化产业的发展中起着至关重要的作用；另一方面，还要注意处理好发挥市场在资源配置中决定性作用和更好地发挥政府作用的关系，将政府的扶持与引导作用建立在市场规制的基础之上。只有这样，才能从根本上实现西部民族地区文化产业资源配置的高效、发展质量和效益的提升及产业结构的升级。（5）本书给出了西部民族地区文化产业转型发展的路径设计：完善文化产业支持体系建设（涵盖文化建设、人才市场建设、资本市场建设、配套基础设施等方面），大力推进文化产业化进程（包括文化产业化、文化市场培育、文化资源产品创新开发等方面），强化文化产业转型发展制度设计（包括明确文化产业发展中政府与市场的作用、文化产业融资体系建设制度化、建设文化产业集聚区试点、建立文化产业对外合作交流机制、强化文化产业发展保障机制等方面）。同时，需要配套构建包含土地政策、财政政策、税收政策、金融政策、人才政策在内的一套针对文化产业转型发展的政策体系。

目　　录

第一章 导 论

第一节 研究背景及意义

20世纪90年代以来，文化产业成为全球发展最快的产业之一。通过发展文化产业来培育"软实力"，增强综合竞争力，已成为世界许多国家和地区的战略选择。21世纪以来，随着我国国力的不断增强，我国在不断提高人民群众物质生活水平的同时，越来越注重满足其不断提高的精神文化需求，与此同时，文化产业的发展更多地受到国家及地方政府的关注。近年来，党中央、国务院就深化文化体制改革、加快文化产业发展作出一系列科学论断和决策部署，特别是2002年党的十六大提出了"文化体制改革"的任务，2007年党的十七大将"文化软实力"写入十七大报告，2009年国务院常务会议审议通过《文化产业振兴规划》，2010年"十二五"规划建议提出"推动文化产业成为国民经济的支柱性产业"，2011年党的十七届六中全会提出"推动文化产业跨越式发展"，2012年党的十八大报告提出"建设社会主义文化强国"。党中央对文化产业的认识和重视程度不断提高，标志着我国文化产业发展已被置于国家发展战略高度，得到前所未有的重视和认同。

我国西部民族地区在数千年的发展历程中，孕育了多姿多彩、底蕴丰厚的民族文化，成为我国最具特色的文化资源富集区。西部民族地区丰富的文化资源是其发展最重要最宝贵的资源之一，尤其是西部民族地区浓郁的民族风情和民族特色使得西部民族地区的文化产品带有鲜明的印记，为文化产业的发展提供了坚实的基础和条件。在当前全国大力发展文化产业的大背景下，西部民族地区的这一特色恰好符合现代社会发展趋势，极大地顺应加快文化产业发展的总体形势，成为西部民族地区实现经济社会跨越式发展、缩小与东部地区发展差距的必然选择。此外，西部民族地区文化产业的发展有助于突破西部传统的资源依赖型发展老路，避免跌入"资源诅咒"陷阱。随着我国经济进入"新常态"，文化产业正成为推动西部民族地区经济发展转型升级的重要力量。由此，"十三五"将会成为西部民族地区文化产业提质升级的关键时期。然而，尽管西部民族地区近年来的文化产业发展速度明显加快，但总体上仍处于起步阶段，不仅比重低、规模小，文化资源优势尚未转化为文化产业优势，而且在发展方式上尚处于依靠文化产品的低端生产、低技术含量、低附加值的数量扩张型粗放式发展阶段。西部民族地区文化资源还未充分产业化，经济优势并没有完全发挥出来。因此，西部民族地区如何发展文化产业、如何转变文化产业发展方式依然是其面临的一项重要任务。

从国外文化产业的研究状况看，从法兰克福学派的批判理论到英国伯明翰学派的文化研究，再到美国文化学派的经济理论，文化产业理论研究经历了一个从单纯的理论层面转向复杂的实践层面，从纯粹的精神层面过渡到经济层面的逐渐发展变化的过程。除了对文化产业概念内涵和外延的界定、性质和功能进行理论分析，随着文化产业在实践上的发展，国内学术界开始把目光更多地投向政策和战略的探讨，以及文化产业个案研究、区域研究、行业研究和比较研究等方面。尽管我国对文化产业的研究起步较晚，但自党的十五届五中全会提出文化产业概念后，原文化部先后设立了国家文化产业创新与发展研究基地、国家对外文化贸易研究基地、国家级文化产业研究中心，10余家高校和研究机构迅速成为我国文化产业研究的中坚力量，对中国文化产业进行长期跟踪，积聚了一批具有较高学术造诣的专家学者，为文化产业发展开拓了全新的

领域，取得了丰硕的研究成果。如中国社会科学院和上海交通大学国家
文化产业创新与发展研究基地，自 2002 年开始发布《中国文化产业年度
发展报告》；原文化部、国家统计局在 2002 年组织课题组进行文化产业
统计指标体系研究；北京大学国家文化产业创新与发展研究基地于 2003
年开始集中对其定义的文化产业进行年度跟踪；等等。

　　总体而言，目前我国文化产业领域定性研究较多，定量研究较少；
从宏观层面对其理论缘起、发展现状、趋势进行介绍和分析的较多，中
微观研究显得不足；发达地区研究较多，欠发达地区特别是西部民族地
区较少。国内外已有文化产业研究成果的局限性，无法适应西部民族地
区文化产业迅猛发展的需要。西部文化产业转型发展的实践迫切需要更
具现实性、系统性的理论研究成果，这正是本书的价值所在。

第二节　相关概念界定

一、西部民族地区

　　20 世纪 80 年代以来，随着国家经济社会的发展，区域之间的经济
社会文化发展不平衡逐渐凸显。在国家整体经济社会发展布局中，"西
部"这个空间概念，不再泛指中国的西部地区，除了空间意义外，也被
赋予了更多的经济社会文化发展水平的内涵。通常来讲，中国西部地区
包括陕西、甘肃、青海、四川、贵州、云南、广西、宁夏、西藏、新疆、
内蒙古、重庆 12 个省、自治区、直辖市。民族地区主要指在我国境内由
少数民族聚集在一起而形成的民族自治地区。中国作为一个多民族共同
体，有 56 个民族，其中除了汉族，绝大部分少数民族主要聚集在西部地
区，少数民族从东北到西北、西南，沿边境呈马蹄环状分布。目前，我
国共有自治区 5 个、自治州 30 个、自治县（或自治旗）120 个。总的来
看，我国少数民族基本居住于 155 个少数民族自治地方，而在这 155 个

地区中，西部地区涵盖5个民族自治区、29个自治州和80个自治县。据此估算，西部地区的民族自治区域在全国民族自治区域中的占比约为73.5%。对于人口较少的少数民族聚居区，我国共设立了1173个民族乡镇，而这些民族乡镇也多数设立于西部地区。从少数民族的数量分布来看，我国共有少数民族55个，其中居住于西部地区的少数民族有49个，约占少数民族总数的89%。

西部民族地区主要指中国境内西部区域少数民族聚居和集中的地区。从西部民族地区的定义可以看出，西部民族地区既有西部地区的含义，又有民族地区的含义，是西部地区和民族地区之间互相交叉、互相重叠的复合型定义，也可以说是西部地区和民族地区这两个集合共同交叉的区域。本书对西部民族地区的界定范围是：5个自治区和5个多民族省份的民族地区组成的地区，具体包括内蒙古、广西、西藏、宁夏、新疆，以及云南、贵州、青海、甘肃、四川的民族地区。上述地区都被列入西部大开发范围，① 也是在这个意义上，将其称为西部民族地区。

二、文化产业

近20多年，文化产业作为一种新的产业形态迅速崛起，对世界各国经济发展产生了巨大推动力，文化产业已成为全球很多发达国家的支柱产业。在中国，文化产业也成为各地政府调整产业结构、转变经济增长方式的重点产业，也是未来国家重点发展的战略产业。

（一）国外对文化产业的定义

1947年，德国法兰克福学派代表人物马克斯·霍克海默（Max Horkheimer）和西奥多·阿多诺（Theodor Adorno）合著的《启蒙辩证

---

① 从地理学角度来讲，内蒙古横跨三北，只有一部分属于西部地区。但从经济学研究的角度来讲，内蒙古属于西部地区，目前所有的经济学研究文献都采用这一划分方法，因此，本书也从经济学视角将内蒙古划为西部地区。

法》中首次出现了"文化产业"（culture industry）这一概念，当时文化产业主要是指电影、广播等产业。1972 年，联合国教科文组织正式将文化产业定义为：按照工业标准生产、再生产、储存以及分配文化产品和服务的一系列活动。此外，由于各国具体国情、文化历史背景、文化需求等方面存在较大差异，不同国家对文化产业的界定不尽相同，详见表 1 – 1。

表 1 – 1　　　　　　　　　　不同国家文化产业界定

国家	文化产业界定
美国	从版权角度将文化产业划分为狭义文化产业和广义文化产业。狭义文化产业为版权产业，包括广播电影电视、新闻、出版发行、计算机软件、广告和信息及数据服务等行业；广义文化产业除了版权产业外，还包括文化艺术、体育等行业
英国	创意产业指那些出自个人创造性、技能和智慧，通过知识产权的开发生产能够创造潜在财富和就业机会的产业。其涵盖电影、广播电视、音乐与表演艺术、创意生活等 13 个细分行业
德国	文化经济指与人们的日常生活产生影响的私营文化行业。其主要包括广播电视、艺术品交易、文化古迹保护与保存、图书馆、博物馆、收藏与展览、戏剧、电影以及与以上行业相关的信息服务行业
澳大利亚	文化产业主要包括体育和健身娱乐、遗产类、艺术类和其他文化娱乐类这四大类
日本	内容产业包括动画、游戏、新闻、广播电视、音乐和唱片、出版发行、文艺演出、文化教育等行业
韩国	文化产业指与文化商品的生产、流通、消费有关的产业，包括文化财产相关产业、电影及相关产业、印刷品和期刊相关产业等八大门类

资料来源：张亚丽. 我国文化产业发展及其路径选择研究［D］. 长春：吉林大学，2014.

（二）国内对文化产业的定义

随着我国经济社会的不断发展和人民生活水平的不断提高，我国对文化产业内涵的认识不断深化完善，对文化产业的重视程度逐步提高。2000 年 10 月，党的十五届五中全会提出："积极发展文化事业和文化产业""完善文化产业政策，形成以公有制为主体、多种所有制共同发展的文化产业格局"。"文化产业"这一概念首次出现在中央文件中。2003

年原文化部发布的《关于支持和促进文化产业发展的若干意见》① 明确
将文化产业界定为从事文化产品生产和提供文化服务的经营性行业。其
包括演出、影视、音像、文化娱乐、文化旅游、网络文化、图书报刊、
文物和艺术品以及艺术培训等行业门类。

为满足我国文化改革发展宏观决策的信息需求，进一步建立科学、
系统的文化产业统计，2004 年 1 月国家统计局发布了《文化及相关产业
分类》，为文化产业提供了科学统一的定义：文化及相关产业是指为社会
公众提供文化、娱乐产品和服务的活动，以及与这些活动有关联的活动
的集合。② 随着中央对文化产业发展重视程度的不断提高，深化文化体
制改革和推动文化大发展大繁荣需要我国文化产业统计工作亟待加强与
完善。在此背景下，根据我国文化体制改革和发展实际，考虑政府部门
管理需要，国家统计局对原分类标准进行了修订，并于 2012 年 7 月出台
了《文化及相关产业分类 2012》，将文化产业定义为为社会公众提供文
化产品和文化相关产品的生产活动的集合。根据该定义，我国文化产业
的范围主要包括：（1）以文化为核心内容，为直接满足人们的精神需要
而进行的创作、制造、传播、展示等文化产品（包括货物和服务）的生
产活动；（2）为实现文化产品生产所必需的辅助生产活动；（3）作为文
化产品实物载体或制作（使用、传播、展示）工具的文化用品的生产活
动（包括制造和销售）；（4）为实现文化产品生产所需专用设备的生产
活动（包括制造和销售）。

三、文化产业分类

1986 年，联合国教科文组织发布的《联合国教科文组织文化统计框

---

① 该文件指出，文化产业是与文化事业相对应的概念，两者都是社会主义文化建设的重
要组成部分。文化产业是社会生产力发展的必然产物，是随着我国社会主义市场经济的逐步完
善和现代生产方式的不断进步而发展起来的新兴产业。

② 主要包括文化产品制作和销售活动、文化传播服务、文化休闲娱乐服务、文化用品生
产和销售活动、文化设备生产和销售活动、相关文化产品制作和销售活动。

架》首次从统计学角度对文化产业进行了分类,将文化产业分为文化遗产、音乐、视觉艺术、体育游戏等十大类,这一分类标准对各国文化产业分类统计具有指导意义。为了使文化产业分类统计数据具有国际可比性,联合国教科文组织于 2009 年推出了文化统计框架,依据该分类标准,文化产业包括文化和自然遗产、音像和互换媒体、视觉艺术和手工艺、书籍和报刊、设计和创意服务、表演和庆祝活动、体育和娱乐、旅游业八大类别。

国家统计局 2004 年出台的《文化及相关产业分类》是我国文化产业第一个全面系统的分类标准,该标准首次将文化产业作为一个单独门类纳入我国国民经济统计体系,明确了文化产业的统计范围、层次、内涵及外延,既符合我国文化发展实际,又与国际文化产业分类标准相衔接。该标准依据《国民经济行业分类》(GB/T4754 – 2002)和文化活动的特点对行业分类中相关的类别重新进行了组合。依据该标准,我国文化产业划分为 4 个层次,包括 2 个部分、9 个大类、24 个中类和 80 个小类。2004 ~ 2010 年我国文化产业数据便以此分类标准规定的行业范围进行统计和核算。之后,随着我国文化产业发展,根据我国文化及相关单位生产活动的特点,借鉴《2009 年联合国教科文组织文化统计框架》的分类方法,2012 年出台的《文化及相关产业分类 2012》基于《国民经济行业分类》(GB/T4754 – 2011)进一步对行业分类中的相关类别进行了重新组合,将文化产业细化为 5 个层次,包括文化产品的生产、文化相关产品的生产 2 个部分、10 个大类、50 个种类、120 个小类以及含有部分文化生产活动小类的 29 个延伸层,具体分类见表 1 – 2。为了便于论述和数据分析,除非特别说明,本书采用国家统计局对文化产业的定义和分类标准。

表 1 – 2   我国文化及相关产业分类

文化产品的生产(第一部分)	文化相关产品的生产(第二部分)
一、新闻出版发行服务	八、文化产品生产的辅助生产
(一)新闻服务	(一)版权服务
(二)出版服务	(二)印刷复制服务

续表

文化产品的生产（第一部分）	文化相关产品的生产（第二部分）
（三）发行服务	（三）文化经纪代理服务
二、广播电视电影服务	（四）文化贸易代理与拍卖服务
（一）广播电视服务	（五）文化出租服务
（二）电影和影视录音服务	（六）会展服务
三、文化艺术服务	（七）其他文化辅助生产
（一）文艺创作与表演服务	九、文化用品的生产
（二）图书馆与档案馆服务	（一）办公用品的制造
（三）文化遗产保护服务	（二）乐器的制造
（四）群众文化服务	（三）玩具的制造
（五）文化研究和社团服务	（四）游艺器材及娱乐用品的制造
（六）文化艺术培训服务	（五）视听设备的制造
（七）其他文化艺术服务	（六）焰火、鞭炮产品的制造
四、文化信息传输服务	（七）文化用纸的制造
（一）互联网信息服务	（八）文化用油墨颜料的制造
（二）增值电信服务（文化部分）	（九）文化用化学品的制造
（三）广播电视传输服务	（十）其他文化用品的制造
五、文化创意和设计服务	（十一）文具乐器照相器材的销售
（一）广告服务	（十二）文化用家电的销售
（二）文化软件服务	（十三）其他文化用品的销售
（三）建筑设计服务	十、文化专用设备的生产
（四）专业设计服务	（一）印刷专用设备的制造
六、文化休闲娱乐服务	（二）广播电视电影专用设备的制造
（一）景区游览服务	（三）其他文化专用设备的制造
（二）娱乐休闲服务	（四）广播电视电影专用设备的批发
（三）摄影扩印服务	（五）舞台照明设备的批发
七、工艺美术品的生产	
（一）工艺美术品的制造	
（二）园林、陈设艺术及其他陶瓷制品的制造	
（三）工艺美术品的销售	

资料来源：国家统计局《文化及相关产业分类2012》。

第三节 国内外研究综述

一、国外文化产业研究综述

国外关于文化产业的研究最早可以追溯到 20 世纪上半叶。1947 年，德国法兰克福学派代表人物马克斯·霍克海默和西奥多·阿多诺在其合著的《启蒙辩证法》中首次提出了文化产业（或文化工业）的概念，认为文化产业将标准化的文化产品透过大众传媒向消费者传播，使得文化失去了艺术价值，成为左右意识形态的工具。与法兰克福学派对文化产业持批判态度不同，英国的伯明翰文化学派认为，文化产业促进了文化大众化，对于人类实现解放、自由发展具有积极作用。由此可见，当时的研究更多是从哲学价值和艺术评判角度对文化产业进行的。随着社会经济发展以及经济学理论研究的推进，文化产业研究领域不断拓展。西方学者尤其是政治经济学家和社会学家开始使用经济学理论和分析工具对文化产业进行理论研究，关于文化产业的文献主要集中在艺术和文化的商业化领域，这一过程一直持续到 20 世纪 90 年代（Towse，2003）。之后，随着文化产业的快速发展，西方学术界逐渐将研究重心转移到文化产业发展实践和政策体系上来，主要围绕文化产业集聚、文化产业竞争力、文化产业发展战略、文化产业政策等领域进行应用研究，以期为文化产业更好更快发展提供理论依据和决策参考。国外关于文化产业的主要研究进展如下。

（一）文化产业集聚研究

国外关于文化产业集聚（或集群）的研究文献主要集中在三个方面：文化产业集聚形成机制分析；文化产业集聚对经济增长的影响分析；文化产业集聚形成的影响因素及发展策略研究。

文化产业集聚形成机制分析方面，莫罗奇（Molotch，1996）指出，文化产品形象的象征意义与地方文化特征相结合有助于形成具有地方特色的文化创意产业园区。贝蒂格（Bettig，1996）的研究表明，版权制度引发了文化产业内部进行兼并重组的趋势。德雷克（Drake，2003）的研究表明，专业化和分工对于文化产业集聚形成具有重要作用，与中小城市相比，大城市出现文化产业集聚的概率更高。与之类似，莱泽瑞提等（Lazzeretti et al.，2008）对意大利和西班牙两类文化产业——传统文化产业（如出版业、表演艺术业）和文化创意产业的集聚情况进行了研究，结果表明：虽然两国文化产业集聚模式不同，但文化产业均集聚在最大的城市体系中。此外，纳祖（Nachum，2000）以英国伦敦中心区的媒体集聚为例对地方文化产业集聚过程进行了详细剖析。科瑞德（Currid，2006）重点研究了创新性和原创性对于文化产业集聚形成的作用机理。

文化产业集聚对经济增长的影响分析方面，格列柯（Greco，1999）测算了美国出版业的产业集中度，根据研究结果，他认为较高的产业集中度以及适度的垄断有助于推动美国出版业发展。鲍尔（Power，2002）基于瑞典数据进行的实证研究表明，文化产业在发展过程中会表现出区域集聚的趋势，同时对地区就业率的上升和经济增长产生积极的促进作用。斯科特（2005）进一步指出，文化产业集聚有利于文化企业专业化和实现互补性，进而为企业改进文化产品提供了较高的弹性。

文化产业集聚形成的影响因素及发展策略研究方面，斯科特（1997）的研究显示，特定地理位置对于提高文化产业集群创意行为具有积极影响。戈尔娜斯塔耶娃和切希尔（Gornostaeva & Cheshire，2002）对文化产业集聚态势进行了定量测算，在此基础上实证并考察了文化产业集聚形成的影响因素。研究结果表明，劳动市场互动、集体学习、公司网络、创新等因素均对文化产业集聚的形成产生了显著的促进作用。莫玛斯（Mommaas，2004）基于荷兰文化产业园区案例对文化产业集聚发展进行了分析，并提出了促进文化产业集聚发展的策略。

（二）文化产业竞争力研究

在文化产业竞争力的定量研究方面，国外学者试图通过构建创意指数或文化产业发展指数对一国或地区文化产业竞争力情况进行定量测度和评价。例如，1997 年联合国社会发展研究所（UNRISD）和联合国教科文组织（UNESCO）研究发布了《针对文化和发展的全球性报告：建立文化数据和指数》。贝克尔（Baeker，2002）发表了《地区文化发展的测度与指数》。佛罗里达（Florida，2002）基于区域增长的"3Ts"（Technology、Talent、Tolerance，即技术、人才和包容性）理论架构提出了一个综合性的创意产业指数体系，该指数体系包含人才指数、技术指数和包容性指数三方面。在此基础上，佛罗里达和泰内格莉（Florida & Tinagli，2004）开发了欧洲创意指数（ECI），[①] 对美国与其他14 个国家的文化创意水平进行了比较研究。王玉玲（2011）基于钻石模型和灰色关联理论构建了文化产业竞争力评价体系，对中日两国文化产业竞争力差异进行了研究，在此基础上提出了促进中国文化产业实现跨越式发展的路径设计。周（Zhou，2015）在对日本文化产业发展战略进行分析的基础上，根据日本文化产业竞争力特点，通过选取 18 项指标构建了日本文化产业竞争力评价指标体系，并对日本文化产业竞争力进行了定量评估。

（三）文化产业发展研究

索斯比（Throsby，2001）从公共政策的角度重点研究了文化产业发展在城市发展、旅游业以及贸易领域中的重要作用，并进一步使用音乐产业这一案例探讨了发展中国家文化产业在促进经济发展方面的潜力。

[①] 该指数包括欧洲人才指数（Euro-Talent Index）、欧洲技术指数（Euro-Technology Index）和欧洲包容性指数（Euro-Tolerance Index）。值得注意的是，欧洲创意指数的建立是基于其比较自由的市场经济制度背景的，政府干预较少，在测度产业环境对文化产业发展的影响方面，没有设置政府调控指标，这与我国的文化产业环境和创意指数不同，在我国文化产业发展中政府扮演较为重要的角色（王述芬，2015）。

陶斯（2003）从文化经济学的角度指出文化产业的本质特征是产业化规模生产与文化内容的有机结合，其中印刷、视频、互联网、数字化等技术的进步推动了文化产业规模化发展。图罗克（Turok，2003）对苏格兰电影和电视产业发展绩效的影响因素进行了实证研究。结果表明，与本地化网络相比，跨国组织和政府监管对电影和电视产业发展规模具有更强的影响。弗卢和坎宁安（Flew & Cunningham，2010）对欧洲、北美等地区及澳大利亚的文化产业发展进行了简要回顾，提出文化产业发展过程中应注重文化生产与经济创新之间的关系，并对公共文化机构未来应发挥的作用进行了论述。波茨（Potts，2011）基于演化经济理论通过构建理论模型对文化和创意产业发展进行了动态演化经济分析，系统研究了文化产业发展的动态经济价值。根据理论模型，文化和创意产业部门作为创新系统的重要部分，其发展构成了经济演化的一个主要动力机制。佩尔托涅米（Peltoniemi，2014）基于314篇文化产业研究文献对文化产业的边界、发展特征及其动态过程进行了系统梳理。

版权保护为文化产品的生产、流通和使用提供了产权保障，因此，版权保护对于文化产业的发展具有重要的影响，部分学者围绕版权保护与文化产业发展进行了研究。例如，陶斯（2000，2002）系统研究了版权保护在刺激文化产业发展中的重要作用。帕内蒂埃（Panethiere，2005）研究了盗版对文化产业可持续发展产生的不利影响，并指出立法、培训、教育等任何单一的手段均不能实现消除盗版的目标，建议通过国际协调行动、进行政策激励设计、提高公众版权保护意识等手段措施来打击盗版、保护版权，从而推动文化产业健康发展。

（四）文化产业政策研究

文化产业政策是指政府为促进文化产业发展而制定的各项政策的总和。国外文化产业政策研究主要从文化和经济两个视角展开。本节主要梳理经济视角下文化产业政策研究文献，这部分文献主要研究文化产业发展中的政策制定和执行问题。

坎宁安（2002）对全球化背景下文化产业政策进行了研究，指出全球化和世界贸易组织规则将对基于各国国情和民族特性的个性化文化产业政策产生影响。由于文化产业融合性增强，文化产业政策需进行政策协同以应对以往较为分散的政策结构。此外，文化产业政策应当鼓励中小企业在文化产业发展中发挥创新作用。里佐（Rizzo）和索斯比（2006）针对文化遗产行业的政策问题进行了研究，包括制度设计、融资和政策执行等内容，重点探讨了文化遗产行业公共政策对私人部门的挤出效应和激励效应。加洛韦和邓禄普（Galloway & Dunlop, 2007）指出，基于公共政策角度制定的文化产业政策往往只关注文化产业的经济属性而忽视了其文化属性。波茨和坎宁安（2008）基于经济视角下文化创意产业的动态价值对文化创意产业与整体经济相关性的四种模型（增长模型、创新模型、福利模型、竞争模型）进行了分析，并对其经济和政策含义进行了阐释。根据他们的研究，增长模型和创新模型在实际经济运行中具有最强的适用性。其中根据创新模型，文化创意产业发展对整体经济增长贡献较大，因此，政府应将文化产业政策作为经济政策的重要组成部分。类似地，根据增长模型，政府应当重视并发挥文化创意产业在促进经济增长方面的积极作用。

索斯比（2008）总结了全球文化产业的六类发展模式[①]以及不同的经济分析方法[②]，在此基础上系统阐述了不同发展模式下文化产业政策的侧重。他指出，当今世界文化产业政策除了受不同发展模式和不同分析方法的影响外，还受到更多综合因素影响，如经济全球化和自由化、技术变革等。各国政府在制定文化产业政策时已开始将文化的经济价值

———————————

[①] 文化产业发展模式主要包括：英国 – 文体部模式（UK-DCMS Model）；美国艺术中心模式（American for the Arts Model）；象征性文本模式（Symbolic Text Model）；同心圆模式（Concentric Circles Model）；世界知识产权组织的版权模式（WIPO Copy Model）；联合国文化统计模式（UNESCO Institute for Statistics Model）。

[②] 这些经济分析方法主要包括：产业组织理论（industrial organization theory）；契约和产权理论（contract theory and property rights）；产业关联分析（inter-industry analysis）；区位分析（locational analysis）；价值链分析（value chain analysis）；贸易和发展理论分析（trade and development analysis）。

纳入其中，以期通过文化产业政策促进文化经济价值提升。此外，文化产业政策应兼顾文化的供给侧和需求侧。类似地，普林斯（Prince，2010）指出，文化产业政策受历史、政治、文化、社会等因素影响而具有地域差异性，但在全球化趋势的影响下，文化产业政策应在一定程度上具有全球开放性和适应性。奥康纳（O'connor，2010）对文化产业领域研究进行了系统的文献梳理，并着重从经济视角研究了文化产业政策制定需要考虑的重要问题。例如，文化产业政策应当注重促进中小文化创意企业发展；文化产业政策应兼顾文化产业与教育产业的关联；文化产业政策应完善文化产业相关基础设施和配套服务措施建设并促进先进信息技术在文化产业中的应用。拜亚兹和赫雷罗（Báez & Herrero，2012）提出了一个条件估值与成本收益分析相结合的方法，并针对智利城市文化遗产进行了文化产业政策设计。

通过上述文献梳理可以发现，近年来国外从经济学角度研究文化产业的文献具有以下特点：（1）从研究内容来看，主要围绕文化产业集聚、文化产业竞争力、文化产业发展、文化产业政策等领域展开，侧重文化产业发展战略、文化产业政策设计等方面的应用研究；（2）从研究方法来看，国外关于文化产业的研究中以定量研究居多，如构建文化产业统计指标、文化产业影响因素实证分析等；（3）国外针对少数民族地区文化产业的系统研究较为少见。

二、国内文化产业研究综述

与国外相比，我国文化产业领域的系统研究起步较晚。但进入 21 世纪，随着我国社会经济的快速发展，社会大众对文化产品和服务的需求不断增长，文化产业得到了较快发展，文化产业在促进国民经济发展中发挥的作用日益凸显。文化产业的快速发展需要文化产业领域的理论与实证研究来提供学术支撑和政策指导，在此背景下，国内文化产业领域研究日益丰富，涌现出了较为丰硕的研究成果。近年来，国内文化产业领域的学术研究主要包括文化产业集聚研究、文化产业关联研究、文化产业竞争力研究、文化产业发展效率研究、文化产业融资研究、地区文化产业发展研究等方面，具体综述如下。

（一）文化产业集群研究

国内关于文化产业集群（集聚）的理论研究主要包括文化产业集群功能、文化产业集聚的形成条件和动力因素、文化产业集群发展模式、文化产业集群的发展路径和对策等内容。刘保昌（2008）认为，文化产业集聚具有资源重组、规模放大、技术竞争和人才聚集等功能。

顾江和耷胜锋（2009）对亚洲国家文化产业集群发展模式进行了比较研究，认为重要的政策平台和有效的空间载体是影响文化产业集群发展的重要因素。连玮佳和李健（2009）研究了隐性知识传递对文化创意产业集聚的影响，认为隐性知识传递是文化创意产业集聚的根本原因。雷宏振和宋立森（2011）研究了文化产业集群内组织间的知识外溢对创新的影响，认为持久的知识创新是文化产业集群发展的动力之一。张振鹏和马力（2011）以伦敦、东京和迪士尼公司产业集群为例，对文化产业集群形成机理进行了研究，从竞争、资本积累和交易成本节约三个维度总结出文化产业集群形成的内生机理。王慧敏（2012）以上海文化创意产业集聚区为例，总结出文化产业集聚区的 3.0 演进模型。张惠丽（2014）运用解释结构模型（ISM）对城市文化产业集群动力因素及其层级关系进行了研究，发现市场价格、市场需求、融资能力和集群企业内部创新能力构成了影响城市文化产业集群发展的重要因素。屈学书和矫丽会（2014）分析了运城市文化产业集群发展的现状与问题，提出从完善延长产业链、多方筹资、多渠道人才培养、文化品牌建设等方面来促进文化产业集群发展的政策思路。

文化产业集聚的实证研究方面，袁海和曹培慎（2011）采用空间计量模型实证研究了经济地理和产业政策因素对文化产业区域集聚的影响。雷宏振等（2012）采用赫芬达尔指数和行业集中度指数对 2005～2009 年中国文化产业空间集聚程度进行了测算，并进一步对文化产业的集聚特征进行了研究。梅国平和刘珊（2014）采用投入产出数据和空间统计方法对31个省区市文化产业空间集聚程度进行了实证研究。肖博华和李忠斌（2014）运用区位熵、集聚指数、集中值对2004～2010年中国各省区市文化产业区域集聚度进行了定量测算，并进一步实证研究了文化产业集聚度的影响因素。刘珊（2014）采用埃利森—格莱泽指数从行业和地区两个角度对2008～2011年中国文化产业空间集聚变化态势进行了定量测度，在此基础上实证研究了文化产业空间集聚水平的影响因素。曹清峰等（2014）运用行业集中度指数和区位熵指数对文化产业集聚度进行了测算，并采用莫兰指数（Moran's I）对文化产业集聚的空间相关性进行了研究。

（二）文化产业关联研究

国内文化产业关联研究主要探讨文化产业内部以及文化产业与其他产业之间的关联方式、关联程度和关联效应。在文化产业关联理论研究方面，张京成和刘光宇（2007）在对文化创意产业特点进行分析的基础上指出文化创意产业具有很强的产业关联度。冯子标和王建功（2008）研究了文化产业对工业系统、服务业以及城市化的促进带动作用。贺寿昌（2009）对文化创意产业价值系统的对外延伸和价值捕获进行了研究，指出文化创意产业与其他产业之间具有显著的前向关联效应、后向关联效应和横向关联效应，通过这些关联效应，文化创意产业的价值增值得以实现。周强（2013）通过国内外文献梳理对文化创意产业与其他产业之间的关联方式进行总结概括，认为价格关联、投资关联、生产技术关联、产品服务关联、劳动就业关联以及产业融合是文化产业与其他产业关联的主要方式。此外，部分学者从产业链角度对文化产业关联问题进行了研究。例如，王志标（2007）对文化产业链进行了研究，指出文化产业链是一种水平和垂直结合的新型复合结构，并提出了文化产业链设计应遵循的原则；王花毅（2010）对文化产业集聚中的产业链关联性进行了研究，指出文化产业关联本质上是文化产业内部和文化产业与其他产业之间相互的供给与需求关联，文化产业集聚中各文化产业部门之间存着不同程度的关联性。

文化产业关联实证研究方面，目前国内学术界主要使用投入产出法和灰色关联分析法对文化产业关联效应进行实证研究，详见表1–3。

表1–3　　　　　　　　　　部分文化产业关联实证研究文献

文献作者及年份	内容	方法
王志标（2009）	文化产业关联效应分析	投入产出法
蔡旺春（2010）	中国文化产业关联程度与波及效应	投入产出法
吴利华等（2011）	中国文化产业的特性及产业链研究	投入产出法
韩顺法（2012）	文化产业对相关产业的带动效应研究	投入产出法
刘莹（2012）	文化产业与相关产业的灰色关联度分析	灰色关联分析法
冯娟等（2013）	中小城市文化产业关联度分析	灰色关联分析法
孟桃等（2014）	文化产业的支撑产业选择研究	灰色关联分析法

资料来源：笔者整理。

1. 使用投入产出法研究文化产业关联度。

王志标（2009）使用2002年投入产出表对文化产业的完全感应度系数、完全影响力系数以及基于完全分配系数的前向关联度进行了测算，实证结果表明我国文化产业辐射效应较强，能够带动相关产业发展。蔡旺春（2010）利用投入产出模型对文化产业关联程度和波及效应进行了实证研究，发现文化产业的影响力和感应度系数高于产业整体平均水平，产业关联系数接近第二产业，具有很强的扩散效应。吴利华等（2011）使用2007年投入产出表和产业关联系数矩阵对文化产业的特性和产业链进行了实证研究，结果表明文化产业上下游产业①较为传统，文化产业对自身的关联度较高，但对现代信息传输、先进制造等产业关联度较低。韩顺法（2012）在分析文化产业与相关产业关联特点与作用机理的基础

---

① 文化产业的上游产业包括造纸及纸制品业、印刷业和记录媒介的复制业、专用化学产品制造业；下游产业包括公共管理和社会组织业、教育业。

上，利用投入产出表和投入产出模型对产业关联度系数进行了实证研究，并提出了促进文化产业关联度提升的政策建议。

2. 使用灰色关联分析法研究文化产业关联度。

刘莹（2012）基于2005～2007年文化产业及相关产业增加值数据，通过构建灰色关联度模型对文化产业与相关产业的关联程度进行了测算，结果表明文化产业与制造业具有较高的关联度，而与教育业、商贸业具有较低的关联度。冯娟等（2013）以邢台市为样本，使用灰色关联分析法对中小城市经营性文化产业各细分行业之间的关联程度进行了研究，实证结果表明旅游业对经营性文化产业的影响最大，各细分行业之间具有较高的关联程度。孟桃等（2014）基于2005～2012年江苏省数据，运用灰色关联分析法定量测算了文化产业与相关8个产业的关联程度，发现各产业与文化产业之间存在着显著的关联，最后选择关联度最高的高新技术产业来作为江苏省文化产业的支持产业。

（三）文化产业竞争力研究

国内关于文化产业竞争力的研究主要包括：文化产业竞争力内涵、构成要素、动力机制等基础理论（花建，2005；王颖，2007）；文化产业竞争力评价与比较（祁述裕和殷国俊，2005；赵彦云等，2006；田贵生，2014）；文化产业竞争力提升策略（康小明和向勇，2005；王淑娟，2010）。其中，花建（2005）对文化产业竞争力内涵进行了系统论述，认为文化产业具有整体创新能力、市场拓展能力、成本控制能力和可持续发展能力四大核心能力。赵彦云等（2006）对我国36个省区市的文化产业竞争力进行了评价，结果表明我国文化产业呈现出4个梯队的分布格局。康小明和向勇（2005）指出文化产业集群具有横向扩张和纵向扩展的动力机制，对文化产业竞争力的提升具有重要作用。王淑娟（2010）认为可通过利用资源优势、依靠科技进步、树立品牌意识、推动文化产品升级等手段促进文化产业竞争力的提升。

在文化产业竞争力评价模型和评价指标体系研究方面，祁述裕和殷国俊（2005）通过构建文化产业国际竞争力评价指标体系，测算并对比了包括中国在内 15 个国家的文化产业竞争力指数。毕小青和王代丽（2009）基于"钻石模型"构造了文化产业竞争力评价模型，进而构建了文化产业竞争力评价指标体系。李雪茹（2009）根据 VRIO 模型建立了一套区域文化产业竞争力评价体系，能够刻画文化产业的发展潜力、创新性和稀缺性等特性。田贵生（2014）在传统的 GEM 模型中引入创意因素构建了 GEMC 模型，能够更好地反映和评价文化产业集群的竞争力。此外，部分高校和研究机构通过构建各类创意指数对文化产业竞争力进行衡量和评价，详见表 1 - 4。

表 1 - 4　　　　　　　　　　　　　　创意指数

名称	机构	内容
香港创意指数	香港大学	创意的成果、结构及制度资本、人力资本、社会资本和文化资本
上海创意指数	上海创意产业中心	指数和权重：产业规模指数（30%）、科技研发指数（20%）、文化环境指数（20%）、人力资源指数（15%）、社会环境指数（15%）

资料来源：《上海创意产业发展报告》。

　　文化产业竞争力评价方法：（1）SWOT 分析法。陈美华（2014）运用 SWOT 法从优势、劣势、机遇和挑战四个维度对江西文化产业竞争力进行了分析。（2）主成分分析法。顾江和胡静（2008）运用主成分分析法和聚类分析法对江苏 13 个地级市文化产业发展综合竞争力进行了研究。冯根尧（2014）使用主成分分析法实证研究了中国 31 个省区市文化产业园区的竞争力。（3）层次分析法。靳晓婷（2013）基于层次分析原理构建了一个以资源价值、市场绩效、市场需求、产业规模、基础设施等 8 个评价要素和 29 项评价指标的文化产业竞争力评价方法。乐祥海（2013）构建了区域文化产业竞争力 SD - ANP 评价模型，对 2009～2011 年中部 6 省文化产业竞争力水平进行了分析。（4）因子分析法。叶丽君和李琳（2009）采用因子分析法和聚类分析法评价了我国 31 个省区市文化产业竞争力水平。朱智文和李曼（2013）基于"钻石模型"理论运用因子分析法和聚类分析法对甘肃 14 个市州文化产业竞争力进行了分析。

（四）文化产业发展效率研究

文化产业效率是衡量文化产业发展绩效和质量的一个重要方面。从研究方法上看，目前多数文献主要采用数据包络分析（DEA）方法（侯艳红，2008；王家庭和张容，2009；蒋萍和王勇，2011；黄永兴和徐鹏，2014）和随机前沿分析（SFA）方法（董亚娟，2012；马跃如等，2012；李兴江和孙亮，2013）对文化产业效率进行实证研究。从研究内容上看，国内关于文化产业发展效率的研究主要包括以下几个方面。

1. 文化产业的投入产出效率（技术效率）研究。

侯艳红（2008）通过建立 DEA 绩效评价模型对文化产业投入产出效率进行了评价。王家庭和张容（2009）使用三阶段 DEA 模型，在剔除了环境和随机因素影响之后，对 2004 年我国 31 个省区市文化产业技术效率进行了测算和评价，发现环境因素对文化产业发展产生了显著影响，各地区文化产业技术效率整体不高，其中规模效率最低。不同地区文化产业的技术效率水平具有显著差异，其中东部地区文化产业技术效率最高，中部地区居中，西部地区最低。与之类似，蒋萍和王勇（2011）使用三阶段 DEA 和超效率 DEA 模型对 2008 年我国 31 个省区市文化产业投入产出效率进行了研究，发现大部分地区的文化产业效率偏低，其中规模效率低下是主要原因。袁海和吴振荣（2012）运用超效率 DEA 模型和 BCC 模型对 2004~2008 年中国各省区市文化产业的效率进行了测算，在此基础上实证检验了文化产业效率的影响因素。研究表明，文化产业效率呈逐步提高的趋势，其中纯技术效率的贡献比规模效率更大。此外，城市化经济和本地市场效应有助于文化产业效率提高。郑世林和葛珺沂（2012）基于 1998~2009 年中国地区文化产业投入产出数据，利用 DEA - Malmquist 指数对文化产业全要素生产率及其分解值的变化情况进行了研究。黄永兴和徐鹏（2014）利用 Bootstrap - DEA 方法对 2004 年和

2008 年中国文化产业效率进行了测算，并利用空间计量模型实证研究了文化产业效率的影响因素。结果表明，如果不考虑随机冲击的影响则会高估文化产业效率；文化产业效率具有较强的空间正溢出效应；文化企业集聚、文化消费、交通通信的提高以及政府财政扶持均有助于提升文化产业效率。

此外，部分学者使用 SFA 模型对文化产业效率进行了研究。例如，马跃如等（2012）使用 SFA 模型对 2003～2008 年中国文化产业效率进行了分析，并进一步研究了文化产业发展规模和环境两方面影响因素对文化产业效率的作用。类似地，董亚娟（2012）在分析文化产业效率影响因素（包括市场文化需求、产业政策、人力资本等六个因素）的基础上使用 SFA 模型和 2004～2009 年中国 31 个省区市文化产业数据对影响文化产业效率的因素进行了实证检验，并利用核密度分布图对文化产业效率的动态演进特征进行了分析。李兴江和孙亮（2013）使用 SFA 模型对 2006～2010 年中国 31 个省区市文化产业发展效率进行了实证分析，在此基础上运用 Malmquist 指数和空间计量模型对文化产业技术效率的影响因素进行了研究。此外，乐祥海和陈晓红（2013）基于 2000～2011 年中国文化企业数据使用随机前沿中的 CSSW 模型、CSSG 模型和 KSS 模型对文化产业技术效率进行了测度，并对文化产业技术效率水平的波动趋势阶段性特征进行了分析。

2. 文化产业上市公司效率与 TFP 研究。

赵琼和姜惠宸（2014）使用基于 DEA 的 CCR 模型和 BCC 模型对 2009～2013 年中国文化产业上市公司进行效率测算，并利用 Tobit 模型实证分析了文化产业上市公司效率的影响因素。郭淑芬等（2014）利用超效率 DEA 模型和 Malmquist 指数分别测算了 30 家文化产业上市公司的效率和全要素生产率变化率。刘亚铮和冉娜娜（2014）运用基于 DEA 的 CRS 模型和 VRS 模型对 2009～2011 年中国 24 家文化产业上市公司的融资效率进行了研究。此外，丛奎（2014）使用投入导向的 Malmquist 指数对 2002～2009 年中国各地区文化产业财政支出效率进行了研究。赵然

(2014) 使用 DEA – Malmquist 指数法对 2009 ~ 2012 年河南省文化产业的投资动态效率进行了测算和分解。

(五) 文化产业融资研究

国内关于文化产业融资的研究主要包括以下几个方面。

1. 文化产业发展融资现状和问题探析。

陈波和王凡 (2011)、王锟 (2013)、乐祥海 (2013)、魏鹏举 (2014) 以及曾诗鸿和狐咪咪 (2014) 等对文化产业融资的特征、现状以及存在的问题进行了系统研究，并从不同角度提出了解决文化产业融资约束问题的对策建议。

2. 文化产业约束融资问题产生的原因分析。

不同学者从不同角度探讨了文化产业融资问题产生的原因。例如，梁丽转 (2012)、范玉刚 (2014) 从文化产业和文化产品特性角度，陆岷峰和张惠 (2012) 从文化产业发展水平角度，郝茜 (2013)、吕元白和侯俊军 (2014) 从金融机构影响角度，以及傅唤昌 (2010)、孙彤等 (2012)、刘丽娟 (2013) 从文化产业融资的法律、政策、金融环境角度对文化产业融资问题成因进行了一系列研究。赵佳 (2017) 对少数民族文化产业发展融资支持问题进行了研究，剖析了少数民族文化产业发展面临的融资约束问题，并归纳总结出内在性、基础性、支持性三类融资影响因素。

3. 文化产业融资的国际经验借鉴。

杨京钟 (2011) 研究了日本财政政策对文化产业的支持作用，认为财政政策有利于促进文化产业快速发展。张龙安 (2011)、程丹艺 (2012) 分析了英国文化创意产业融资经验，在此基础上给出了对我国文化产业融资的启示；杨京钟和洪连埔 (2012) 对法国文化产业税收政策经验进行了总结，并从中提炼出适用于中国文化产业发展的借鉴思路；黄玉蓉和车达 (2015) 对法国文化资助制度的运作机制进行了归纳总结；贾显维 (2014) 论述了美国文化产业的融资机制和模式。

4. 文化产业发展融资问题破解路径与政策选择研究。

在文化产业融资方式研究方面，田忆楠（2012）对不同融资工具的特点和融资条件限制进行了分析，并研究了不同融资工具分别适用于不同类型的企业，指出文化企业应根据资金需求、自身条件来选择融资工具。闫小明（2013）通过案例研究方法对成熟型文化企业和中小文化企业的融资方式进行了分析，并进行了创新融资方式方面的探究。赵家仪（2013）指出，可以通过建立健全文化产业保险体系来解决文化产业融资难度大的问题。张天（2014）认为，文化资产评估与文化产权交易市场相结合有助于解决文化与资本对接问题。陈洁和王广振（2016）对互联网金融与文化产业融资方式相结合所催生出的文化产业众筹融资模式进行了研究。在财政政策支持文化产业融资研究方面，刘利成（2011）、李季（2013）以及李诗洋（2016）分别从不同方面和角度对支持文化产业融资的财政政策设计和工具选择进行了论述。

（六）地区文化产业发展研究

不同地区文化产业集聚发展研究方面，胡慧源（2014）在建立文化产业集聚影响因素分析框架的基础上，使用江苏 2007～2011 年 13 个地级市分行业数据对文化产业集聚的影响因素进行了实证研究。席元凯（2014）基于 2007～2012 年江西 11 个地级市相关数据，利用区位熵对江西文化产业空间集聚水平进行了测算，在此基础上进一步实证研究了江西文化产业集聚的影响因素并提出相应的政策建议。

不同地区文化产业发展融资问题研究方面，赵志华（2011）分析了内蒙古民族文化产业融资困境产生的原因。张岩（2011）以新疆巴音郭楞蒙古自治州为例对文化产业融资问题进行了研究。赵南哲（2016）对新疆文化产业金融投资情况进行了研究。赵佳（2017）从产业内在因素、基础因素、支持性因素等方面对少数民族文化产业融资支持问题进行了分析，并围绕融资模式、融资渠道、保障体系等方面提出了相应的政策建议。

不同地区文化产业关联度研究方面，岳芃（2008）、韩亚峰和焦伟娅（2010）、戴钰（2011）、伍业锋（2011）以及郑仕华（2012）等基于投入产出表并采用产业关联理论分别对西安市、河南省、湖南省、广东省、浙江省的文化产业关联度进行了实证研究。根据研究结果，不同省市文化产业内部以及文化产业与其他产业之间的关联程度存在不同程度的差异性，对经济发展的支撑和拉动作用也不尽相同。例如，岳芃（2008）的研究表明，西安市文化产业延伸度不够以及产业之间关联程度不强。韩亚峰和焦伟娅（2010）的研究表明，河南省文化创意产业的感应度系数较大，但影响力系数较小。伍业锋（2011）的研究表明，广东省文化服务业表现出低影响力和低感应度，而文化产品制造业表现出高影响力和低感应度。郑仕华（2012）利用2007浙江投入产出表数据，对浙江文化产业与其他产业的关联效应和波及效应进行了研究，发现浙江文化产业发展对文化制造业的依赖度很高。

文化产业与地区经济增长研究方面，多数文献采用实证研究方法分析了文化产业对地区经济增长的影响，发现文化产业在不同程度上促进了地区经济增长。例如，魏曙光（2010）研究了内蒙古文化产业的发展对经济增长的影响。赵伟（2012）实证研究了陕西省文化产业对经济增长的贡献水平，并利用因子分析法对陕西文化产业发展水平进行了分析。庞洪伟等（2012）通过构建文化产业和地区生产总值计量模型，实证研究了西藏文化产业发展对地区经济增长的影响情况。刘敬（2014）基于内生经济增长理论和时间序列数据对山东省文化产业发展与经济增长之间的关系进行了实证研究。

西部少数民族地区文化产业研究方面，吴绍琪等（2008）在分析西部民族地区文化资源的基础上运用路径依赖理论对西部民族地区发展文化产业的路径依赖进行了研究。陈开来（2012）研究了西部民族地区文化产业发展的法律保障问题，认为完善立法、强化执法和监督、保障司法公正等措施有助于促进西部民族地区文化产业更好更快发展。郭琦（2013）基于2009年西部民族地区文化产业数据，利用DEA模型对文化产业的综合效率进行了测度。孟来果（2013）对西部民族地区文化产业发展存在的问题进行了剖析，并提出了促进西部民族地区文化产业发展的对策建议。张璞等（2013）利用灰色关联模型对西部少数民族地区文化产业发展的影响因素进行了实证研究，并进一步对不同地区文化产业发展影响因素的关联程度进行了排名。赵晓红和晏雄（2016）研究了西部民族文化资源富集地区文化产业集聚的异质性并探讨了文化产业集群的发展路径，包括政府引导、虚拟产业集群引入、行业协会推动等方面。江世银和覃志立（2016）利用灰色关联模型对西部民族地区文化产业发展的影响因素进行了实证研究，在此基础上提出了西部民族地区文化产业发展的路径选择。

通过上述文献梳理可以发现，近年来国内关于文化产业的研究具有以下特点与不足：（1）对文化产业的研究（主要包括文化产业集聚、文化产业关联、文化产业竞争力、文化产业效率、文化产业融资等方面）以及对文化产业转型发展的战略研究较为少见。（2）对全国文化产业整体性研究居多，对西部地区尤其是西部民族地区文化产业转型发展的系统研究则较为少见。我国西部民族地区在数千年的发展历程中孕育了多姿多彩、底蕴丰厚的民族文化，成为我国最具特色的文化资源富集区。由于西部民族地区具有特殊的文化资源禀赋、文化空间以及经济社会发展水平与我国东、中部地区具有较为显著的异质性特征，因此，有必要针对西部民族地区文化产业进行更具现实性和系统性的理论和实证研究，从而为西部民族地区文化产业转型发展提供学术支撑和政策启示，这正是本书的根本出发点和落脚点。

第四节　研究内容

本书共分七个章节来对西部民族地区文化产业①转型发展进行系统

---

① 虽然部分西部省区并非全部是民族地区，但因本书参考的各类统计年鉴并没有专门对相关省区民族地区的文化产业数据进行细分，所以本书在进行定量研究时均用全省数据进行了替代（如四川、云南、甘肃等），特此说明，后面不再逐一说明。

分析，结构安排、主要研究内容如下。

第一章，导论。本章对西部民族地区文化产业转型发展的背景及意义进行了简要介绍，对相关概念进行了界定，并对文化产业有关的国内外研究文献进行了系统梳理，在此基础上给出本书的研究框架，并对研究方法以及可能的创新点进行介绍。

第二章，西部民族地区文化产业发展现状。本章从多个角度对西部民族地区文化产业发展现状进行刻画和评价，包括西部民族地区文化产业发展规模、文化产业发展绩效（包括发展经济效益、创新水平、综合实力等方面）、文化产业集聚程度、文化产业发展效率等方面。

第三章，西部民族地区文化产业发展影响因素分析。促进西部民族地区文化产业转变发展方式，提升发展质量，关键在于促进文化产业全要素生产率（TFP）增长，提高全要素生产率对文化产业产出增长的贡献份额。首先，使用基于 DEA 的 Malmquist 全要素生产率指数对西部民族地区文化产业全要素生产率变化率进行测度和评价。其次，将全要素生产率对文化产业产出增长的贡献份额作为衡量文化产业发展方式的评价指标，对西部民族地区文化产业发展方式进行衡量和评价。最后，在对西部民族地区文化产业发展影响因素理论分析的基础上，使用系统 GMM 模型对各影响因素进行了实证检验。

第四章，西部民族地区文化产业转型发展的机遇与可行性。本章主要围绕文化产业发展的政策环境、"互联网＋"时代文化产业创新发展、旅游产业与文化产业融合发展、"一带一路"倡议下文化产业对外发展等方面对西部民族地区文化产业转型发展的机遇与可行性进行分析。

第五章，西部民族地区文化产业转型发展的战略选择。本章首先对文化产业发展的规律和趋势进行理论分析，在此基础上结合西部民族地区文化产业处于转型发展关键时期的阶段性特征给出西部民族地区文化产业转型发展的思路和重点：从战略上确立文化产业转型发展的应有空间，以资源禀赋结构的升级来支撑文化产业内生动力，以制度创新来为文化产业结构优化升级提供保障，以涵育社会文化来为文化产业转型创造人文环境。

第六章，西部民族地区文化产业转型发展中的政府作用。首先，对文化产业转型发展中的政府作用机理进行剖析。其次，对文化产业转型发展不同阶段政府角色的定位和演进轨迹进行理论分析。最后，选取美国、英国、日本、韩国为典型案例给出发达国家文化产业转型发展中政府作用的经验借鉴。

第七章，西部民族地区文化产业转型发展的路径设计与政策体系构建。在西部民族地区处于经济转型升级关键时期的背景下，促进文化产业转型发展需要进行具有针对性的路径设计和相关政策体系构建。本章围绕完善文化产业支持体系建设、大力推进文化产业化进程、强化制度设计等方面进行西部民族地区文化产业转型发展的路径设计，并提出了包含土地政策、财政政策、税收政策、金融政策、人才政策在内的一套文化产业转型发展政策体系。

第五节　研究方法

本书在考察研究的基础上对西部民族地区文化产业转型发展进行定性分析的同时通过多渠道收集整理相关数据，采用多种定量研究工具对西部民族地区文化产业发展规模、发展绩效、产业集聚、发展效率、全要素生产率、发展方式、发展影响因素等内容进行实证分析。例如，使用空间基尼系数对文化产业空间集聚情况进行测算，使用三阶段 DEA 模型对文化产业发展效率进行衡量，使用马奎斯特指数对文化产业全要素生产率进行评价，使用系统 GMM 估计法对影响文化产业高质量发展的因素进行回归分析等。此外，本书在进行国内外文献综述时主要采用归纳法对通过不同视角来研究文化产业的文献资料进行分门别类的系统梳理和归纳分析。

第六节 研究的创新点

在研究内容上，基于已有文献对全国文化产业整体性研究居多而缺乏对西部民族地区文化产业转型发展进行系统研究的现状，本书针对西部民族地区文化产业转型发展进行了深入系统的研究：通过考察调研和数据收集，对文化产业发展现状和影响因素进行了较为全面的实证分析，在此基础上进一步探讨了文化产业转型发展的机遇与可行性、战略思路以及政府作用机理与角色定位，最后围绕完善文化产业支持体系建设、大力推进文化产业化进程、强化制度设计等方面进行西部民族地区文化产业转型发展的路径设计，并提出了包含土地政策、财政政策、税收政策、金融政策、人才政策等在内的文化产业转型发展政策体系。从而形成了一套较为完整的针对西部民族地区文化产业转型发展的研究成果，这在一定程度上弥补了国内从产业经济学角度进行西部民族地区文化产业转型发展研究的欠缺，具有一定的创新意义。研究成果既可以为有关西部文化产业转型发展的学术研究工作提供可资参考的基本材料和相关数据，也可以为西部民族地区地方政府有关部门制定文化产业转型发展战略提供扎实的理论依据和富有可行性、可操作性的政策建议。

在研究方法上，本书综合运用多种实证研究工具对西部民族地区文化产业转型发展进行定量分析。例如，为了克服传统 DEA 模型的缺陷，本书使用改进后的三阶段 DEA 模型进行西部民族地区文化产业发展效率测算；尝试在测算文化产业 TFP 的基础上构建文化产业发展方式衡量指标对西部民族地区文化产业发展方式进行度量和评价；为了应对动态面板模型存在的内生性问题并提高估计结果的有效性，本书采用系统 GMM 估计法对西部民族地区文化产业实现高质量发展的影响因素进行了实证检验。此外，本书在重点使用产业经济学进行研究的同时还部分涉及文化学、民族学等学科的相关理论，具有跨学科研究的创新性。

第二章 西部民族地区文化产业发展现状

本章从多个角度对西部民族地区文化产业发展情况进行刻画和评价，包括西部民族地区文化产业发展规模、文化产业发展绩效、文化产业集聚程度、文化产业发展效率情况等方面。通过对西部民族地区文化产业发展情况进行深入系统的实证研究，有助于科学地识别出文化产业发展中存在的问题，进而为促进西部民族地区文化产业转型发展提供具有针对性的路径设计和政策建议。

第一节 文化产业发展规模

从党的十六大提出"文化体制改革"的任务，到党的十七大将"文化软实力"写入十七大报告，再到党的十八大报告强调"建设社会主义文化强国"，党中央对文化产业的认识和重视程度都在不断提高。根据《中共中央关于深化文化体制改革 推动社会主义文化大发展大繁荣若干重大问题的决定》，中央明确提出到 2020 年把文化产业建设成国民经济的支柱产业，达到国内生产总值（GDP）的 5%。如图 2-1 所示，2004~2016 年我国文化产业实现了平稳较快发展，文化产业增加值及其占国内生产总值的比重呈逐年上升的态势。其中，文化产业增加值由 2004 年的 3440 亿元增长到 2016 年的 30785 亿元，年均增长约 20%。文化产业增加值占国内生产总值的比重由2004年的2.15%增长到2016年的4.14%，按此增长态势到2020年文化产业增加值达到国内生产总值的5%这一目标有可能提前完成。文化及相关产业的平稳较快增长对于促进经济转型升级、平稳健康可持续发展将发挥越来越重要的作用。

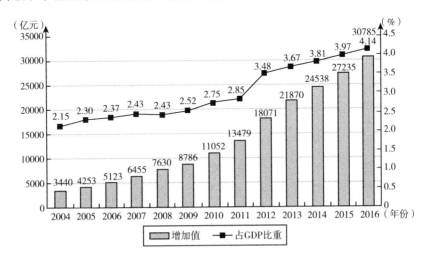

图2-1 我国文化产业增加值及占国内生产总值比重

资料来源：根据《中国文化及相关产业统计年鉴》数据（2004～2015年）绘制及国家统计局网站数据（2016年）绘制。

我国西部民族地区在数千年的发展历程中，孕育了多姿多彩、底蕴丰厚的民族文化，成为我国最具特色的文化资源富集区。相对于其他地区而言，我国西部民族地区文化产业发展虽起步较晚，但近年来中央和地方政府对西部民族地区民族文化资源挖掘开发和文化产业发展给予了越来越多的关注和重视，并连续出台了一批具有针对性的扶持政策，为西部民族地区文化产业尤其是民族文化产业的发展创造了良好的政策环境。例如，《国家"十一五"时期文化发展规划纲要》（2006）、《少数民族事业"十一五"规划》（2007）、《中共中央关于深化文化体制改革 推动社会主义文化大发展大繁荣若干重大问题的决定》（2011）、《国家"十二五"时期文化改革发展规划纲要》（2012）等重要文件，都对推动少数民族文化发展做了重要部署。同时，我国还陆续出台了一批促进少数民族文化繁荣发展的专门性文件，如《国务院关于进一步繁荣发展少数民族文化事业的若干意见》首次从国家层面对发展繁荣少数民族文化事业作出全面部署。中共中央宣传部（以下简称"中宣部"）和国家民族事务委员会（以下简称"国家民委"）等五部委联合印发的针对少数民族出版事业发展的《关于进一步加大对少数民族文字出版事业扶持力度的通知》（2007）；《国家民委关于做好少数民族语言文字管理工作的意见》（2009）等。此外，西部民族地区各级地方政府也立足当地文化资源禀赋相继推出了一系列文化产业发展规划和配套扶持政策。① 政策环境的不断优化为西部民族地区文化产业发展提供了强力的推动。

随着文化体制改革的深入开展和文化产业政策环境不断优化，开放市场准入、土地使用和税收优惠、财政补贴、文化产业发展专项基金、支持符合条件的文化企业上市融资等全方位的促进机制逐渐形成并不断发力，极大地刺激了全社会投资文化产业的积极性，为西部民族地区文化产业发展提供了强大的推动力。近年来我国西部民族地区文化产业发展规模不断扩大。如图 2 - 2 所示，我国西部民族地区文化及相关产业固定资产投资呈现出逐年上升的态势，由 2006 年的 417 亿元增长至 2015年的 4256 亿元，10 年间增长了近 10 倍，表明在政府相关支持政策的积极引导和扶持下，西部民族地区文化产业投资规模快速增长。同时，从图 2 - 2 中可以发现，东部和中部地区文化产业投资规模也迅速增长，并且增长幅度均大于西部民族地区。例如，2015 年东部和中部地区文化及相关产业固定资产投资分别达到 13403 亿元和 9107 亿元，分别达到西部民族地区的 3 倍和 2 倍以上，表明从全国范围来看，西部民族地区文化

---

① 例如，云南早在 2000 年就颁布了《云南民族文化大省建设纲要》，并制定长远规划，从 2003 年起云南进行文化体制改革试点并在 2004 年颁布了《云南省加快文化产业发展的若干政策》。内蒙古于 2003 年发布了《内蒙古自治区民族文化大区建设纲要》，提出了建设文化大区的目标。西藏在 2011 年出台了首个文化产业发展规划《西藏自治区 2011 ~ 2020 文化产业发展规划纲要》，提出未来将西藏建设成为以特色文化资源为基础，以特色文化产业为支柱的"特色文化经济实验区"。2013 年，新疆出版了《新疆文化产业工作手册》，2015 年又出版了《文化改革发展政策汇编》。此外，宁夏、广西、贵州等西部民族省区市也都制定了文化产业发展规划和扶持政策。

产业投资规模依然偏低，与东部和中部地区尚存在一定的差距，因此未来西部民族地区可以进一步加大政策扶持力度，优化投资环境，引导社会资金投资于文化产业，促进西部民族地区文化产业投资规模进一步增长。

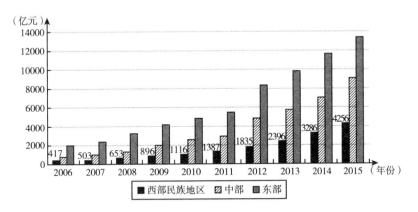

图2－2　各地区文化及相关产业固定资产投资情况

资料来源：根据2007～2016年《中国文化及相关产业统计年鉴》数据绘制。

表2－1给出了西部各民族地区文化及相关产业法人单位数、从业人员规模、资产规模等指标。从文化及相关产业法人单位主要指标的变化情况来看，法人单位数方面，西部民族地区文化及相关产业法人单位数由2004年的46300个增加至2015年的123056个，年均增长率约15.07%，其中，贵州、内蒙古和西藏的文化产业法人单位数年均增长率达到了20%以上。从业人员规模方面，西部民族地区文化及相关产业从业人员数由2004年的113.7万人增加至2015年的214.7万人，年均增长率约8.08%，其中，贵州文化产业从业人员规模实现了迅速扩张，年均增长率达到了22.21%。资产规模方面，西部民族地区文化产业资产规模由2004年的1618.3亿元扩大至2015年的10830.6亿元，年均增长率约51.75%，其中，贵州、内蒙古、青海三地的文化产业资产规模年均增长达到1倍以上。① 以上数据揭示出近年来我国西部民族地区文化产业法人单位数、从业人员规模、资产规模均呈现出不同程度地增长，表明

---

①　资料来源：2005年和2016年的《中国文化及相关产业统计年鉴》。

随着文化体制改革的深入和政府支持政策力度加大，改革红利和政策红利的不断释放推动了我国西部民族地区文化产业发展规模实现了较快地扩张。然而，从全国范围来看，我国西部民族地区文化产业法人单位数、从业人员规模、资产规模年均增长速度均低于全国水平，2015 年文化及相关产业法人单位数、从业人员规模和资产规模分别仅占全国总量的 10.79%、10.52% 和 7.95%，表明我国西部民族地区文化产业规模增长仍然具有较大的空间。

表 2-1　　　　　　各地区文化产业法人单位主要指标对比

地区	法人单位数（个）			从业人员规模（万人）			资产规模（亿元）		
	2004 年	2015 年	增长率（%）	2004 年	2015 年	增长率（%）	2004 年	2015 年	增长率（%）
内蒙古	3200	11152	22.59	10.1	21.6	10.37	78.1	1383.0	151.89
广西	8000	22016	15.93	19.1	29.8	5.04	226.9	960.8	29.41
四川	15700	31366	9.07	37.0	68.2	7.67	729.5	3832.4	38.67
贵州	3000	12280	28.12	7.7	26.5	22.21	74.4	1531.6	178.05
云南	6100	18751	18.85	14.7	25.9	7.00	240.5	1623.2	52.27
西藏	300	1072	23.39	1.5	1.8	1.76	8.5	44.9	38.94
甘肃	3700	10614	16.99	8.5	21.3	13.70	78.1	613.6	62.33
青海	1000	3009	18.26	2.9	4.9	5.96	16.3	242.3	126.05
宁夏	1400	2980	10.26	3.9	5.8	4.48	61.8	289.0	33.42
新疆	3900	9816	13.79	8.3	9.0	0.79	104.2	309.7	17.93
西部	46300	123056	15.07	113.7	214.7	8.08	1618.3	10830.6	51.75
全国	317900	1140290	23.52	873.3	2040.9	12.16	18316.6	136173.4	58.49

资料来源：根据《中国文化及相关产业统计年鉴》计算整理。

第二节　文化产业发展绩效

一、文化产业发展经济效益

本节主要选取文化产业的主营业务收入和营业利润两个指标来对文

化产业发展经济效益进行刻画。如图 2-3 所示，西部民族地区文化产业的主营业务收入呈逐年递增的趋势，由 2004 年的 1114 亿元增长到 2015 年的 6614 亿元，增长了近 5 倍，年均增长约 45%。从西部民族地区文化产业主营业务收入占全国文化产业主营业务收入比重来看，该比重由 2004 年的 6.73% 下降至 2012 年的 5.17%，之后缓慢小幅回升，2015 年达到 5.86%，表明从全国范围看，西部民族地区文化产业主营业务收入水平依然偏低，远低于东部和中部地区。

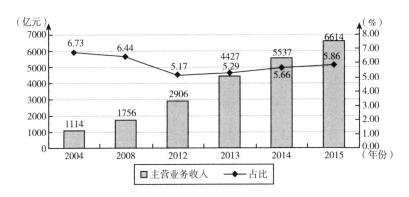

图 2-3　西部民族地区部分年份文化产业主营业务收入及其占比

注：数据为经过娱乐教育文化用品及服务价格定基指数（2000 年为基期）平减后的数值。

资料来源：根据《中国文化及相关产业统计年鉴》计算整理。

从文化产业营业利润变化情况来看，西部民族地区文化产业营业利润由 2012 年的 168 亿元增长到 2015 年的 224 亿元，增长了 33.4%。从文化产业细分行业的营业利润来看，如图 2-4 所示，在文化产业三大细分行业中，文化制造业的营业利润最高，文化服务业次之，文化和批发零售业的营业利润最低。其中，西部民族地区文化制造业营业利润由 2012 年的 104 亿元上升至 2013 年的 119 亿元，之后小幅下降至 112 亿元，2015 年达到 125 亿元。文化批发和零售业营业利润基本维持在 22 亿元左右。文化服务业营业利润呈现逐年上升的趋势，增长幅度较大，由 2012 年的 42 亿元上涨至 2015 年的 75 亿元，增长了近 80%。

从全国范围来看，2012～2015 年西部民族地区文化产业整体营业利润占全国比重平均约为 4.3%，表明西部民族地区文化产业整体利润水

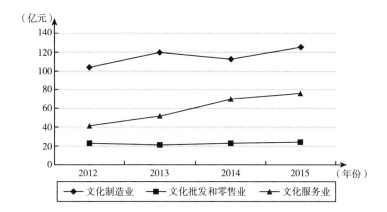

图 2 - 4　西部民族地区文化产业细分行业营业利润

注：数据为经过娱乐教育文化用品及服务价格定基指数（2000 年为基期）平减后的数值。

资料来源：根据《中国文化及相关产业统计年鉴》计算整理。

平不高。从文化产业细分行业利润占比情况来看，西部民族地区文化制造业、文化批发和零售业、文化服务业营业利润占比分别约为 5% 、7% 和 3% ，表明从全国范围来看，西部民族地区各文化产业细分行业的盈利水平远低于其他地区，其中文化服务业尤为明显。从西部各民族地区具体情况来看，详见表 2 - 2 ，四川和云南的文化制造业、文化批发和零售业、文化服务业盈利水平均较高，在西部民族地区各细分行业中营业利润水平均排名前三。此外，广西的文化制造业、甘肃的文化批发和零售业以及广西的文化服务业盈利水平也在西部民族地区较为突出。与之相比，青海和宁夏两地文化制造业营业利润均值均为负数，表明两地文化产业制造业发展的经济效益较差，盈利水平有待提高。此外，平均来看西藏的文化服务业也处于亏损状态，因此西藏亟须进一步提高文化服务业盈利水平，补齐这块短板。

表 2 - 2　　　西部各民族地区文化产业细分行业营业利润平均水平　　　单位：万元

地区	文化制造业	文化批发和零售业	文化服务业
内蒙古	147167. 3	1923. 0	7418. 5
广西	322941. 5	14888. 5	104996. 0
四川	428181. 0	60724. 3	229385. 8

续表

地区	文化制造业	文化批发和零售业	文化服务业
贵州	76838.8	16149.0	66429.0
云南	202324.0	85789.8	99252.8
西藏	2295.3	547.5	−187.5
甘肃	4132.8	22601.8	29938.8
青海	−15783.5	2205.5	6616.5
宁夏	−27843.5	257.5	25146.8
新疆	9343.0	18175.3	25756.0

资料来源：根据《中国文化及相关产业统计年鉴》计算整理。

综上所述，虽然近年来西部民族地区文化产业主营业务收入和营业利润呈现出不同程度的上升，表明西部民族地区文化产业发展的经济效益有了一定的提升。但从全国范围来看，西部民族地区文化产业主营业务收入和营业利润水平依然偏低，与东部和中部地区尚存在较大差距，因此西部民族地区文化产业发展的经济效益有待进一步提高。

二、文化产业创新水平

专利授权情况能够在一定程度上反映文化产业的科技创新水平。2013～2015年各地区文化及相关产业专利授权情况详见表2-3。从文化产业整体专利授权情况来看，西部民族地区文化及相关产业专利授权总数由2013年的3976项增长至2015年的5592项，增长了约40.64%。其中发明专利、实用新型专利和外观设计专利分别由2013年的225项、1717项、2034项增长至2015年的399项、2315项、2878项，分别增长了约77.33%、34.83%和41.49%，表明近年来西部民族地区文化产业创新水平有了较大的提高。

然而，从全国范围来看，2013～2015年西部民族地区文化及相关产业专利授权总数、发明专利数、实用新型专利数和外观设计专利数分别约占全国总数的4.9%、4.14%、6.07%和4.31%，表明从全国范围来看，

表 2-3 各地区文化及相关产业专利授权情况 单位：项

地区	文化及相关产业专利授权总数			发明专利		
	2013 年	2014 年	2015 年	2013 年	2014 年	2015 年
内蒙古	144	133	233	2	6	10
广西	551	402	500	18	36	65
四川	1910	1487	2480	156	187	242
贵州	500	330	1069	7	14	17
云南	314	242	421	22	18	33
西藏	3	18	18	0	0	1
甘肃	123	131	199	13	6	11
青海	29	60	19	1	2	2
宁夏	36	32	37	3	1	4
新疆	366	146	616	3	6	14
西部	3976	2981	5592	225	276	399
中部	9016	8082	11401	499	628	898
东部	75546	58414	74646	4879	5515	7748
全国	90326	71304	94652	5746	6652	9324

地区	实用新型专利			外观设计专利		
	2013 年	2014 年	2015 年	2013 年	2014 年	2015 年
内蒙古	54	50	109	88	77	114
广西	168	161	194	365	205	241
四川	1071	723	1331	683	577	907
贵州	117	82	282	376	234	770
云南	166	120	187	126	104	201
西藏	1	2	9	2	16	8
甘肃	61	52	75	49	73	113
青海	6	6	9	22	52	8
宁夏	18	21	29	15	10	4
新疆	55	41	90	308	99	512
西部	1717	1258	2315	2034	1447	2878
中部	4046	3477	4836	4471	3977	5667
东部	23621	18238	24660	47046	34661	42238
全国	30463	23923	32785	54117	40729	52543

资料来源：根据《中国文化及相关产业统计年鉴》整理。

西部民族地区文化产业整体创新水平依然偏低。从区域对比来看，2013～2015 年，东部、中部、西部民族地区文化及相关产业专利授权总数分别为 208606 项、28499 项和 12549 项，东部和中部地区文化及相关产业专利授权总数分别约为西部民族地区的 7.32 倍和 2.27 倍，表明西部民族地区文化产业创新水平与东部和中部地区还存在较大的差距。这主要是因为与东部和中部地区相比，西部民族地区经济发展水平较低，文化专业人才、文化资本、创新要素较为缺乏，从而导致西部民族地区文化产业创新水平低于东部和中部地区。

三、文化产业发展综合实力

根据中国人民大学文化产业研究院发布的《中国省市文化产业发展指数》①，在 2014 年中国文化产业发展综合指数排名前十的省市中，东部地区凭借丰富的文化资源和文化资本、文化人才资源投入，共有八个省市进入排名前十，西部地区仅四川进入文化产业发展综合指数的前十，表明东部地区文化产业发展的综合实力水平高于中部地区和西部地区。生产力指数和影响力指数方面，四川作为西部地区进入排名前十的唯一省份，其生产力指数和影响力指数分别为 76.45 和 74.81，表明四川文化产业的经济影响和社会影响比较明显，西部民族地区文化产业的经济影响和社会影响相对较低。驱动力指数方面，西部民族地区中的青海和贵州驱动力指数分别为 80.20 和 78.48，排名分别为第 5 名和第 6 名，表明这两地政府高度重视与支持文化产业发展，文化产业发展环境在迅速优化，详见表 2 - 4。在 2015 年的中国文化产业发展综合指数得分和排名中，四川得分虽略微下降，但名次提升至第 7 位。在生产力指数和影响力指数方面，西部地区中依然只有四川进入前十。但从增速来看，贵州、

---

① 中国省市文化产业发展指数反映了文化产业发展的整体状况。指标体系的建立参照了国际上的成功经验，指标的选择强调文化产业科学发展及可持续发展的理念，体现了文化产业发展的全面性，突出了文化产业区域发展的均衡性。

甘肃、内蒙古、广西文化产业影响力指数增长率较快，表明这些地区文化产业的经济和社会影响有了较快提高。驱动力指数方面，青海文化产业驱动力指数依然排名第5，详见表2-5。综上所述，近两年西部地区中四川文化产业综合实力最强，值得西部其他地区学习。此外，根据历年的《中国省市文化产业发展指数》报告，西部地区文化产业发展水平连续六年普遍实现了较快增长，表明西部各省市政府进一步提高了对文化产业发展的重视程度，文化产业发展取得了一定的成效。

表2-4　　　　中国省市文化产业发展指数得分及排名（2014）

排名	综合指数		生产力指数		影响力指数		驱动力指数	
	省市	得分	省市	得分	省市	得分	省市	得分
1	上海	81.44	山东	82.14	北京	88.23	北京	82.47
2	北京	81.41	江苏	81.29	上海	87.67	上海	82.30
3	江苏	79.76	广东	80.37	浙江	83.56	福建	80.85
4	浙江	79.54	浙江	77.82	广东	82.03	辽宁	80.70
5	广东	79.49	四川	76.45	江苏	81.72	青海	80.20
6	山东	78.12	河北	75.04	山东	80.27	贵州	78.48
7	福建	76.24	江西	74.99	福建	75.97	海南	78.11
8	四川	75.86	河南	74.82	四川	74.81	浙江	77.25
9	湖南	75.18	上海	74.34	湖南	74.44	吉林	77.11
10	河北	74.69	湖南	74.10	河北	74.20	湖南	76.99

资料来源：《中国省市文化产业发展指数》。

表2-5　　　　中国省市文化产业发展指数得分及排名（2015）

排名	综合指数		生产力指数		影响力指数		驱动力指数	
	省市	得分	省市	得分	省市	得分	省市	得分
1	北京	84.72	江苏	81.92	北京	87.32	北京	87.51
2	上海	80.60	山东	80.71	上海	82.59	上海	81.45
3	江苏	80.12	广东	80.16	广东	81.42	浙江	79.96
4	浙江	79.72	浙江	78.67	江苏	80.30	江苏	79.03
5	广东	79.23	四川	76.06	浙江	80.00	青海	77.33
6	山东	74.98	上海	74.93	山东	76.77	重庆	77.24

续表

排名	综合指数		生产力指数		影响力指数		驱动力指数	
	省市	得分	省市	得分	省市	得分	省市	得分
7	四川	74.47	江西	74.59	四川	75.85	天津	77.13
8	天津	74.40	河北	74.50	辽宁	75.37	海南	77.06
9	江西	74.03	河南	74.04	陕西	74.90	广东	76.59
10	辽宁	73.73	北京	73.96	湖南	74.72	江西	75.63

资料来源:《中国省市文化产业发展指数》。

第三节 文化产业集聚水平

产业集聚是指同一产业在某个特定的地理空间和区域范围内高度集中,表现为产业资本要素在该区域范围不断汇集,大量紧密相关联的企业单位以及一些相关支持机构集聚在一起的过程。文化产业集聚是指文化产业主体(即文化企业)及相关支持机构在特定区域范围内集中,共同作用形成文化产业价值链,有利于形成文化产业集群的规模效应和竞争优势。文化产业集聚所形成的集聚竞争力具有创新性、动态性、产业带动性、人文根植性等特征(熊建练等,2017)。下面对西部民族地区文化产业的集聚水平进行定量测算和评价。

一、文化产业集聚测算方法——空间基尼系数

测度产业集聚水平的方法主要包括产业空间基尼系数、区位熵、产业集中度、赫芬达尔—赫希曼指数等。本节使用克鲁格曼(Krugman,1991)提出的空间基尼系数对西部民族地区文化产业的集聚度进行测算。① 空间基尼系数的计算公式如下:

---

① 克鲁格曼(1991)基于洛伦兹曲线和基尼系数的思想,构建了空间基尼系数,对美国制造业产业集聚程度进行了测算。

$$G = \sum_{i=1}^{n} (S_i - X_i)^2 \qquad (2-1)$$

式中，G 为产业空间基尼系数；S_i 为 i 地区某产业就业人数占全国该产业就业人数的比重；X_i 为 i 地区就业人数占全国就业人数的比重。空间基尼系数 G 的取值范围介于 0 至 1 之间，当 $G=0$ 时，表明某产业在空间上呈均匀分布的趋势，G 越大表明该产业在空间上的集聚程度越高。

二、文化产业集聚水平测算结果与分析

本节采集了文化及相关产业（包括文化制造业、文化批发和零售业、文化服务业）的从业人员数据，[①] 使用空间基尼系数对西部民族地区文化产业及其细分行业的空间集聚程度进行了测度。为了进行区域横向对比，我们也测算了东部和中部地区文化产业空间集聚程度，测算结果见表 2－6 和表 2－7。

表 2－6　　　　　各地区文化产业空间基尼系数测算结果

地区	2004 年	2008 年	2012 年	2013 年	2014 年	2015 年
东部	0.0414	0.0262	0.0341	0.0081	0.0064	0.0041
中部	0.0020	0.0017	0.0022	0.0013	0.0013	0.0014
西部民族	0.0005	0.0010	0.0016	0.0009	0.0007	0.0005

资料来源：笔者计算整理。

表 2－7　　　　各地区文化产业细分行业空间基尼系数测算结果

行业	地区	2012 年	2013 年	2014 年	2015 年
文化制造业	东部	0.0614	0.0330	0.0279	0.0254
	中部	0.0025	0.0029	0.0032	0.0033
	西部民族	0.0019	0.0018	0.0016	0.0015
	总体	0.0658	0.0377	0.0327	0.0302

---

① 资料来源于历年的《中国文化及相关产业统计年鉴》。

行业	地区	2012 年	2013 年	2014 年	2015 年
文化批发和零售业	东部	0.0173	0.0058	0.0055	0.0068
	中部	0.0014	0.0007	0.0008	0.0010
	西部民族	0.0007	0.0011	0.0010	0.0009
	总体	0.0194	0.0076	0.0073	0.0087
文化服务业	东部	0.0433	0.0038	0.0030	0.0027
	中部	0.0027	0.0006	0.0006	0.0010
	西部民族	0.0015	0.0003	0.0002	0.0002
	总体	0.0475	0.0047	0.0038	0.0039

资料来源：笔者计算整理。

由表 2-6 的测算结果可知，从文化产业整体空间基尼系数来看，2004~2015 年，西部民族地区文化产业空间基尼系数均值仅有 0.0009，表明西部民族地区文化产业集聚水平较低，文化产业在区域范围内整体呈现出均匀分布的状态。从区域横向对比情况来看，2004~2015 年东部地区文化产业空间基尼系数值最高，中部次之，西部民族地区最低，表明西部民族地区文化产业空间集聚水平低于东部和中部地区。这一结果与我国文化产业园区的地区分布情况相吻合，见表 2-8。作为文化产业集聚的一种表现形式，自 2004 年国家先后设立了国家文化产业示范基地、文化产业示范园区和试验园区等。从表 2-8 中可以看出，东部地区拥有的国家级文化产业示范基地和文化产业园区数量最多，中部地区居中，西部民族地区设立的文化产业园区数量最少。东部地区文化产业园区数量甚至达到了中部和西部民族地区文化产业数量之和的近 4 倍。东部地区文化产业集聚水平高于中部和西部民族地区，表明经济增长水平是文化产业集聚发展的重要影响因素之一，这也与克鲁格曼（1991）的理论相符合。与中部和西部民族地区相比，经济发展水平较高的东部地区居民收入、消费水平相对较高，更加注重生活质量和精神享受，对文化产品和服务的消费需求也高，加上东部地区相关支持机构较为健全，配套基础设施较为完善，因此，更有利于文化产业形成集聚发展态势。

表 2 - 8　　　　　　　　　**各地区文化产业园区情况**　　　　　　单位:个

地区	国家级基地	文化产业园区
东部	70	435
中部	27	77
西部民族	32	35

资料来源:笔者整理。

从文化产业空间集聚水平的变化趋势来看,西部民族地区文化产业的空间基尼系数由 2004 年的 0.0005 上升至 2012 年的 0.0016,然后开始呈逐年下降趋势,到 2015 年文化产业空间基尼系数为 0.0005,表明 2004~2015 年西部民族地区文化产业集聚水平呈现出先提高再下降的态势。同时可以看出,随着时间的推移西部民族地区文化产业集聚水平与东部和中部地区之间的差距在不断缩减。整体来看,目前我国西部民族地区文化产业集聚水平较低,在空间范围分布较为均匀,这不利于西部民族地区文化产业整体形成产业集群进而发挥产业集群的规模效应和产业集聚竞争力,也不利于西部民族地区文化产业整体竞争力的提升,因此,未来西部民族地区应当进一步提高文化产业的集聚水平。

根据表 2 - 7 的测算结果可以看出,在文化产业的三大细分子行业中文化制造业的空间基尼系数最高,文化批发和零售业次之,文化服务业最低,并且文化制造业的空间基尼系数远高于文化批发和零售业以及文化服务业。这表明文化产业中文化制造业的空间集聚水平高于文化批发和零售业以及文化服务业。这主要是因为与文化批发和零售业以及文化服务业相比,以工艺美术品制造、办公用品制造、视听设备制造、广播电视电影专用设备制造等为主要内容的文化制造业产业链较长,对交易成本和运输成本较为敏感,对基础设施的要求往往也较高。因此,文化制造业更倾向于在空间范围内集聚,形成产业集群,以此降低中间投入的运输成本和交易费用,进而提高规模经济效益和范围经济效益,促进文化制造业的市场竞争力水平的提升。从不同地区文化产业集聚情况来看,东部地区文化制造业、文化批发和零售业、文化服务业的空间基尼系数值均高于中部地区和西部民族地区。这表明相对而言东部地区文化产业三个细分行业集聚程度较高，而中部和西部民族地区文化产业三个细分行业在空间范围分布较为均匀。就西部民族地区文化产业三个细分行业的集聚水平变化趋势而言，文化制造业和文化服务业集聚水平呈逐年下降的趋势，文化批发和零售业集聚水平呈先升后降的态势。文化产业各细分子行业空间集聚水平呈现动态差异化现象的原因可能是，各行业在发展过程中集聚效应和扩散效应的相对影响不同，随着行业集聚程度提高，扩散效应也逐渐加强。当集聚效应大于扩散效应，行业集聚程度上升；反之，行业集聚程度则出现下降。

第四节　文化产业发展效率

技术效率反映的是投入与产出之间的关系[①]，能较好地衡量生产部门中对现有资源有效利用的能力和水平。因此技术效率可以作为评价文化产业发展质量的指标。由于传统的 DEA[②] 模型无法剔除外部环境与随机变量干扰对技术效率测算的影响，因此容易使效率测算结果有偏。为了克服传统 DEA 模型的缺陷，本小节使用三阶段 DEA 模型[③]对西部民族地区文化产业技术效率进行测算和评价。

---

　①　法雷尔（Farrell，1957）最早从投入的角度提出了技术效率的概念，认为技术效率是在相同产出下生产决策单元理想的最小投入与实际投入的比率，即在产出既定实现投入最小化的能力。莱宾斯坦（Leibenstein，1966）从产出的角度认为技术效率是在相同投入下生产决策单元实际的产出与理想的最大产出之间的比率，即在投入既定下实现产出最大化的能力。

　②　DEA（数据包络分析）是测算技术效率的一种方法，属于数学中的求解线性规划问题。该方法根据投入和产出数据，利用线性规划，使得生产部门（决策单元）通过相互比较来构造最佳生产前沿面。处于最佳生产前沿面上的生产部门为相对技术效率有效，表明该生产部门能够在给定要素投入下实现产出最大化或者在给定产出下实现要素投入最小化。与之相对，不在最佳生产前沿面上的生产部门便是技术无效部门。

　③　本部分我们先使用三阶段 DEA 中的 BCC 模型来测度文化产业综合技术效率，并将综合技术效率（technical efficiency）进一步分解为纯技术效率（pure technical efficiency）和规模效率（scale efficiency），在此基础上运用 SFA 模型找出文化产业技术效率的影响因素，最后在剔除环境和随机干扰等影响因素后再次采用 BCC 模型对各地区文化产业的综合技术效率、纯技术效率和规模效率进行测算和评价。

一、文化产业效率模型的构建——三阶段 DEA 模型

在传统 DEA 的基础上引入 SFA 回归分析，福莱德等（Fried et al.，2002）提出了三阶段 DEA 模型。该模型考虑了外部环境效应和随机干扰对决策单元（DMU）技术效率评估的影响，从而能够更加准确地刻画各 DMU 的技术效率。具体来讲，三阶段 DEA 模型的原理和步骤如下。

（一）第一阶段：传统的 DEA 模型（效率初步测算）

第一阶段不考虑外部环境效应和随机干扰，使用传统的 DEA 模型对综合技术效率进行初步测算。传统的 DEA 模型包括 CCR 模型和 BCC 模型[①]，前者假定规模报酬不变，不能准确地反映现实情况[②]；而后者放弃了这一假定，从而能够将综合技术效率进一步分解为纯技术效率和规模效率。因此本书选择 BCC 模型进行研究，具体模型如下。

设有 N 个决策单元 DMU_j（即地区文化产业），每一个 DMU_j 拥有 M 种投入和 S 种产出，投入和产出变量分别为 X_j 和 Y_j 表示。其中，$X_{ij} > 0$ 代表第 j 个地区文化产业第 i 种类型的投入量；$Y_{rj} > 0$ 代表第 j 个地区文化产业第 r 种类型的产出量。BCC 模型可表示为：

$$\min \left[\theta - \varepsilon \left(\sum_{j=1}^{M} s^- + \sum_{j=1}^{S} s^+ \right) \right] = v_d(\varepsilon)$$

$$\text{s. t.} \sum_{j=1}^{N} \lambda_j X_j + s^+ = \theta X_0$$

$$\sum_{j=1}^{N} \lambda_j Y_j - s^- = Y_0$$

[①] CCR 模型由查恩斯等（Charnes et al.，1978）提出；BCC 模型由班克等（1984）提出。

[②] 具体到本书，CCR 模型中规模报酬不变的假设认为各地区文化产业投入增加能够使得文化产业产出等比例增加，这一假设显然与当前地区文化产业快速发展的现实不符，并且西部民族地区文化产业均处于规模报酬不变的状态也与实际不符，从后面的实证分析中可以看到，大部分地区文化产业处于规模可变状态。

$$\sum_{j=1}^{N} \lambda_j = 1, \lambda_j \geqslant 0, s^- \geqslant 0 \qquad (2-2)$$

式中，θ 为各地区文化产业的有效值；s^+ 和 s^- 为松弛变量；ε 为非阿基米德无穷小量。$\sum_{j=1}^{N} \lambda_j = 1, \lambda_j \geqslant 0$ 为凸性约束条件，从而使得 BCC 模型允许规模报酬可变。根据式（2-2），（1）当 $\theta = 1$，$s^+ = 0$，$s^- = 0$ 时，决策单元为 DEA 有效，即文化产业的经济活动同时实现了技术有效和规模有效；（2）当 $\theta = 1$，$s^+ \neq 0$ 或 $s^- \neq 0$ 时，决策单元为弱 DEA 有效，即文化产业的经济活动未能同时实现技术效率最优和规模最优；（3）当 $\theta < 1$ 时，决策单元非 DEA 有效，即文化产业的经济活动既非技术效率最优又非规模最优。

BCC 模式能够将各个地区文化产业的综合技术效率（TE）进一步分解为纯技术效率（PTE）和规模效率（SE），三者之间的关系为：

$$TE = PTE \times SE \qquad (2-3)$$

式中，综合技术效率（TE）指文化产业在产出既定下实现投入量最小化的能力或者在投入既定下产出量最大化的能力；纯技术效率（PTE）指剔除了规模因素之后的技术效率，该效率主要受经营管理水平、制度质量等因素的影响；规模效率（SE）指与规模有效点相比规模经济性发挥的程度，即现实生产规模与最优生产规模之间的差距。

（二）第二阶段：利用 SFA 模型寻找环境变量并对文化产业投入进行调整

为了剔除外部环境因素和随机干扰因素的影响，三阶段 DEA 中第二阶段的任务是找出 K 个可观测的环境变量，分别对 N 个决策单元 DMU_j 的 M 种投入松弛变量进行 SFA 回归分析[①]，回归模型为：

$$s_{ij} = f^j(Z_j; \beta^j) + v_{ij} + u_{ij}(i = 1, 2, \cdots, M; j = 1, 2, \cdots, N)(2-4)$$

---

① 福莱德等（2002）指出，以投入松弛为代表的低效率是管理无效率、外部环境和随机干扰三方作用的结果，第一阶段 DEA 模型未能识别出导致低效率产生的真正因素及其影响力。

式中，s_{ij} 为第 j 个地区文化产业第 i 种类型投入的松弛变量；$Z_j = (z_{1j},$ $z_{2j}, \cdots, z_{kj})$ 为 K 个环境因素变量，β^j 为环境因素变量的待估计系数，$f_j(z_j; \beta^j)$ 为环境因素变量对松弛变量 s_{ij} 的影响，一般设 $f_j(z_j; \beta^j) = \beta^j z_j$；$v_{ij} + u_{ij}$ 为混合误差项，其中 v_{ij} 反映随机干扰因素的影响，且 v_{ij}：$N(0, \sigma_{v_i}^2)$；u_{ij} 反映管理无效率，且 u_{ij}：$N^+(u_i, \sigma_{v_i}^2)$，v_{ij} 和 u_{ij} 独立互不相关。显然，当 $\gamma = \dfrac{\sigma_{u_i}^2}{\sigma_{u_i}^2 + \sigma_{v_i}^2}$ 趋于 1 时，表明在技术缺乏效率的文化产业中，管理因素的影响是导致技术无效率的主要原因；当 $\gamma = \dfrac{\sigma_{u_i}^2}{\sigma_{u_i}^2 + \sigma_{v_i}^2}$ 趋于 0 时，表明随机干扰影响是造成技术无效率的主要因素。此外，γ 的零假设统计检验能够用来检验 SFA 模型设定是否合理。设 θ_0 为 $\gamma = 0$ 假设条件下待估计系数向量的极大似然估计量，θ_1 为 $\gamma \neq 0$ 假设条件下待估计系数向量的极大似然估计量，令 $L(\theta_0)$ 和 $L(\theta_1)$ 分别为似然函数，那么用以 γ 的零假设来统计检验的单边似然统计量 LR 为：

$$LR = -2\ln\left[\frac{L(\theta_0)}{L(\theta_1)}\right] = -2\left[\ln L(\theta_0) - \ln L(\theta_1)\right] \qquad (2-5)$$

在 $\gamma = 0$ 假设条件下，如果 LR 的值大于 Mixed x^2 分布临界值，那么拒绝原假设，意味着 SFA 模型设定合理。

基于 SFA 回归模型对 DMU 投入进行调整的原理是把所有的 DMU 调整到相同环境并考虑随机干扰。在此之前需要将随机因素从 SFA 模型的误差项中剥离出来，我们使用乔德鲁等（Jondrow et al.，1982）采用的方法得到 u_{ij} 的条件估计量，即：

$$\widehat{E}(u_{ij} \mid u_{ij} + v_{ij}) = \frac{\sigma_u^2 \sigma_v^2}{\sigma_u^2 + \sigma_v^2}\left[\frac{\phi\left(\dfrac{\varepsilon_i \lambda}{\sigma_u^2 + \sigma_v^2}\right)}{1 - \phi\left(-\dfrac{\varepsilon_i \lambda}{\sigma_u^2 + \sigma_v^2}\right)} + \frac{\varepsilon_i \lambda}{\sigma_u^2 + \sigma_v^2}\right],$$

$$i = 1, 2, \cdots, M; j = 1, 2, \cdots, N \qquad (2-6)$$

式中，$\lambda = \dfrac{\sigma_u}{\sigma_v}$，$\varepsilon_i = u_{ij} + v_{ij}$，从而得到随机干扰因素的条件估计为：

$$\widehat{E}(v_{ij} \mid u_{ij} + v_{ij}) = s_{ij} - z_j \widehat{\beta^j} - \widehat{E}(u_{ij} \mid u_{ij} + v_{ij}),$$
$$i = 1, 2, \cdots, M; j = 1, 2, \cdots, N \qquad (2-7)$$

在此基础上，以技术最有效率的决策单元的投入项为标准，对其他决策单元投入进行如下调整，即：

$$\overset{A}{X}_{ij} = X_{ij} + [\max_j \{z_i \widehat{\beta^j}\} - z_i \widehat{\beta^j}] + [\max_j \{\widehat{v}_{ij}\} - \widehat{v}_{ij}],$$
$$i = 1, 2, \cdots, M; j = 1, 2, \cdots, N \qquad (2-8)$$

式中，X_{ij} 表示调整前第 j 个地区文化产业的第 i 种投入的数量；$\overset{A}{X}_{ij}$ 表示调整后的投入量；$\max_j \{z_i \widehat{\beta^j}\} - z_i \widehat{\beta^j}$ 表示将所有地区文化产业调整至处于相同的运营环境或外部环境；$\max_j \{\widehat{v}_{ij}\} - \widehat{v}_{ij}$ 表示使所有地区文化产业处于共同的自然状态，即它们的随机误差处于同样状态。

（三）第三阶段：基于 DEA 的技术效率调整

第三阶段将经过调整后的投入值（$\overset{A}{X}_{ij}$）与原始产出值（Y_{rj}）再次代入基于 DEA 的 BCC 模型中，经过测算得到的技术效率值便是剔除了外部环境因素和随机扰动因素影响后更为准确的效率值。

二、变量选取与数据来源

根据数据可获取性，本书选取以下投入和产出变量来进行文化产业技术效率测算。

（一）投入变量

1. 劳动投入。

劳动投入即衡量文化产业生产过程中实际投入的劳动量。国外文献在衡量某一产业劳动投入量时一般使用代表标准劳动强度的劳动时间，由于国内缺乏劳动时间的统计数据，本书使用文化产业从业人员数①来反映文化产业劳动投入。

2. 资本投入。

在测算技术效率时一般使用资本存量对资本投入进行衡量。资本存量的计算是一个复杂的过程，目前多数研究采用永续盘存法（PIM）对其进行估算。本书同样采用"永续盘存法"对资本存量进行估算，将其作为衡量各地区文化产业的资本投入变量。具体计算公式为：

$$K_{t+1} = I_{t+1} + (1 - \delta)K_t \qquad (2-9)$$

式中，K_t 和 K_{t+1} 分别为 t 期和 $t+1$ 期文化产业的资本存量；I_{t+1} 为 $t+1$ 期文化产业的固定资产投资；δ 为折旧率。在对文化产业资本存量的估算过程中，首先利用固定资产投资价格定基指数（2000 年为基期）对文化产业的固定资产投资进行平减，以消除价格波动对变量的影响，从而得到固定资产投资的真实值。然后借鉴郑世林和葛珺沂（2012）的做法，设折旧率为 5%，使用平减后的文化产业固定资产投资并以2000 年为基期②对资本存量进行估算，从而得到各地区文化产业的资本存量。

（二）产出变量

一般使用产业增加值作为衡量产业的产出变量；部分文献使用文化产业的增加值作为衡量文化产业的产出变量。然而，自 2011 年《中国文化文物统计年鉴》不再系统披露各地文化产业增加值数据，部分文献通过各地区文化产业发展报告数据对文化产业增加值数据进行填补。由于文化产业发展报告数据的统计口径与《中国文化文物统计年鉴》的统计口径不一致，为了保持数据统计口径一致，本书选取文化及相关产业主

---

① 通过《中国文化文物统计年鉴》中收录的主要文化行业（文物业、文化科研、文化市场经营机构、群众文化服务、图书馆、艺术业）从业人员数进行加总来得到文化产业从业人员数。

② 在测算西部民族地区文化产业全要素生产率变化率时，以 2000 年作为样本的起始年份（详见第三章）。

营业务收入来作为衡量文化产业产出的代理变量。与资本存量类似，为了消除价格因素对变量数据可能产生的影响，使用各地区娱乐教育文化用品及服务价格定基指数对产出变量进行了平减，从而得到文化产业产出变量以 2000 年为基期的真实值。

（三）环境因素变量

在构建 SFA 模型进行回归分析时，需要考虑哪些环境因素变量可能会对文化产业投入冗余（进而对文化产业效率测算）产生潜在影响。本书从经济、科技、教育、政府、城市化等方面选取相关变量来作为衡量对文化产业投入可能产生影响的外部环境因素变量，各变量具体说明如下。

1. 经济发展水平。

使用人均国内生产总值来作为衡量地区经济发展水平的指标。

2. 科技水平。

使用文化及相关产业专利授权总数（包括发明专利、实用新型专利和外观设计专利）来衡量文化产业的科技创新水平。

3. 教育水平。

选取每 10 万人口普通高等学校平均在校生人数对教育水平进行衡量。

4. 政府支持。

使用文化事业费占财政支出的比重来衡量政府对文化产业的扶持。

5. 城市化水平。

使用城镇人口占总人口的比重对城市化率进行刻画。

本节所用数据来源于《中国文化文物统计年鉴》《中国文化及相关产业统计年鉴》《中国统计年鉴》以及统计局网站等。为了将西部民族地区文化产业效率水平与东部地区和中部地区的效率水平进行对比，本小节的样本区间包括全国 31 个省区市的文化产业。①

---

① 使用 DEA 方法进行技术效率测算时需要保证决策单元的数量达到投入和产出变量的 2 倍以上，本书中的样本数量为 31 个，投入产出指标为 3 个，符合 DEA 方法的适用条件。

三、文化产业效率测算与评价

(一) 第一阶段——传统 DEA 模型测算结果

根据三阶段 DEA 的计算步骤，我们首先使用未经调整的投入产出数据和传统 DEA 的 BCC 模型对 2015 年西部民族地区文化产业技术效率进行测算，并将其进一步分解为纯技术效率和规模效率，测算结果见表 2 - 9。

表 2 - 9　基于传统 DEA 的西部民族地区文化产业技术效率及其分解 (2015)

地区	综合技术效率	纯技术效率	规模效率	规模报酬
内蒙古	0.8657	0.8784	0.9855	irs
广西	0.8331	0.8513	0.9786	irs
四川	1.0000	1.0000	1.0000	—
贵州	0.8850	0.8957	0.9881	irs
云南	0.8934	1.0000	0.8934	irs
西藏	0.8872	0.8872	1.0000	—
甘肃	0.8269	0.9647	0.8572	irs
青海	0.8355	0.8628	0.9684	irs
宁夏	0.8224	0.8671	0.9485	irs
新疆	0.8430	0.8534	0.9878	drs
西部均值	**0.8678**	**0.9044**	**0.9596**	
中部均值	**0.8909**	**0.9189**	**0.9695**	
东部均值	**0.9098**	**0.9367**	**0.9713**	

注：表中各均值为几何平均值。"irs""drs""—"分别为规模报酬递增、规模报酬递减和规模报酬不变。

资料来源：使用 MaxDEA5.2 软件计算整理。

根据表 2 - 9，在不考虑外部环境因素和随机干扰因素的影响下，2015 年我国西部民族地区文化产业综合技术效率均值为 0.8678，低于东部地区平均水平 (0.9098) 和中部地区平均水平 (0.8909)，这表明西部民族地区文化产业投入存在较大冗余，即约 13% 的资源要素投入并未创造出相应的产出价值。如果改进管理技术、经营模式并充分发挥规模经济效应，那么西部民族地区文化产业可以节约大约 13% 的人、财、物投入。从综合技术效率的分解情况来看，西部民族地区文化产业的纯技术效率和规模效率分别为 0.9044 和 0.9596，这表明文化产业的纯技术效率和规模效率均存在改进空间，并且纯技术效率偏低是导致西部民族地区文化产业综合技术效率低下的主要原因。

从各地区的具体情况来看，四川地区文化产业的纯技术效率值和规模效率值均为 1，其综合技术效率值也为 1，这表明在不考虑外部环境影响和随机变量的影响下，四川地区文化产业处于最佳生产前沿面上，生产最为有效、技术效率最高、文化产业经营管理水平较高且生产规模合理，文化产业实现了集约发展。除四川外，其余西部地区文化产业均存在不同程度的技术低效率状态。其中，云南文化产业纯技术效率为 1，规模效率为 0.8934，表明其文化产业经营管理水平较高，实现了纯技术最佳效率，但由于投入产出与生产规模不匹配导致其规模效率低下，进而造成其综合技术效率低下，下一步文化产业发展需要进一步提高规模效率。与之相比，内蒙古、广西、西藏、贵州、甘肃、青海、宁夏、新疆等地区文化产业的纯技术效率和规模效率均存在低效率情况，表明这些地区文化产业经营管理水平较低，投入产出与生产规模匹配度较低，除新疆文化产业规模报酬递减外，其余地区文化产业均处于规模报酬递增状态，需要进一步扩大产业规模。因此，上述地区文化产业无论在纯技术效率方面还是在规模效率方面均存在较大的改进完善空间。由于传统 DEA 模型未考虑外部环境因素和随机变量因素的影响，而文化产业的纯技术效率和规模效率可能因产业所处外部环境的不同而受到影响，因此需要进一步通过 SFA 模型来对外部环境因素进行识别，并进一步剔除外部环境和随机干扰影响进行效率测算。

（二）第二阶段——SFA 模型回归结果

第二阶段的目的是通过 SFA 回归分析找出显著影响文化产业劳动和

资本投入冗余①的环境因素。我们将第一阶段传统 DEA 测算得到的文化产业劳动和资本投入的冗余量作为被解释变量、将环境因素变量作为解释变量，在此基础上构建 SFA 模型进行回归分析②，结果见表 2 - 10。在表 2 - 10 中，两个回归模型的 LR 单边检验均通过了 5% 的显著性检验，表明整体上 SFA 回归分析显著且必要。下面对各环境因素对劳动和资本投入冗余的影响进行分析。

表 2 - 10　　　　　　　　　　SFA 模型回归结果

环境变量	劳动投入冗余变量	资本投入冗余变量
经济发展水平	- 0. 0462 ** （0. 0223）	- 0. 3813 *** （0. 1352）
科技水平	- 0. 2051 * （0. 1139）	- 0. 0037 ** （0. 0018）
教育水平	- 5. 3576 （3. 2871）	- 62. 4714 * （33. 4911）
政府支持	- 69. 3742 （41. 0488）	174. 2041 ** （79. 1836）
城市化水平	58. 3544 ** （28. 2176）	108. 4627 * （56. 4908）
常数项	- 25. 5743 *** （8. 1642）	- 82. 8247 *** （10. 3531）
σ^2	78. 8742 ***	2587. 6581 ***
γ	0. 9990 ***	0. 9990 ***
对数似然函数值	- 152. 3541	- 63. 5848
LR 单边检验	8. 2516 **	5. 6833 **

注：表中数值为各变量系数的估计值，括号内为对应的标准差。***、**、* 分别表示在 1%、5% 和 10% 的显著性水平上显著。

资料来源：通过 Frontier4.1 软件计算整理。

———————————

① 指劳动和资本投入的实际值与理想值之间的差额。

② SFA 模型回归分析主要是为了检验文化产业的劳动和资本投入冗余与外部环境因素变量之间的相关关系，根据回归分析得到的各环境因素变量的回归系数可以判断环境因素如何影响劳动和资本投入冗余。若环境因素变量的估计系数为正，则表明该环境因素对投入冗余产生正向影响，造成投入冗余增加，不利于文化产业技术效率提高；反之，若环境因素变量的估计系数为负，则表明该环境因素对投入冗余产生负向影响，会使投入冗余减少，此时，加强该环境因素便有利于文化产业技术效率提高。

1. 经济发展水平的影响。

两个回归模型中用于衡量经济发展水平的人均国内生产总值的估计系数均为负,并且分别在5%和1%的显著性水平上显著,这表明经济发展水平对劳动投入冗余和资本投入冗余均产生了显著的负向影响。换言之,推动经济发展有助于减少劳动投入冗余和资本投入冗余,进而促进文化产业技术效率的提升。可能的原因是:一方面,经济发展会带动文化消费增加,从而促进文化产业生产规模扩大,这样有助于减少劳动和资本投入的相对冗余量,提升文化产业效率;另一方面,经济发展水平的不断提高,会倒逼文化产业发展方式转变,由粗放型的发展方式逐步转变为集约型的发展方式,这在一定程度上有助于文化产业节约劳动和资本投入,提升产业效率。

2. 科技水平的影响。

科技水平变量在两个回归模型中的估计系数均为负,并且分别在10%和5%的水平上显著,这表明科技水平对文化产业的劳动和资本投入冗余均具有负向影响,即科技水平的提高能够促进文化产业劳动和资本投入冗余减少。在劳动投入方面,科技水平的提高使得文化产业更加智能化和专业化,从而对减少劳动投入冗余产生积极作用。同时,科技水平的提高对文化产业人力资本提出更高要求,需要更多高质量高素质人才,劳动力素质的提升会相应地减少劳动投入冗余。在资本投入方面,科技水平的提高能够更大程度上挖掘已有资本的生产潜力,从而相应减少资本冗余、提高资本使用效率。

3. 教育水平的影响。

教育水平变量在资本投入冗余为因变量的回归方程中的估计系数在1%的显著性水平上显著为负,在劳动投入冗余为因变量的回归方程中的估计系数为负但并不显著,这表明教育水平的提升主要在减少资本投入冗余方面发挥积极作用。可能的原因是,教育水平的提高有助于提高社会群体的文化素质,从而增加对文化产品的消费,推动文化产业规模的扩大,进而减少文化产业资本的相对冗余量。

4. 政府支持的影响。

政府支持变量在劳动投入冗余变量为因变量的回归模型中的估计系数为负，但并不显著，因此，我们无法判断政府对文化产业财政扶持力度的增加对劳动投入冗余的影响情况。而政府支持变量在资本投入冗余变量为因变量的回归模型中的估计系数为正，且在5%的显著性水平上显著，这表明政府支持对资本投入冗余产生了较为显著的正向作用，即政府财政扶持的增加不利于减少资本投入冗余。可能的原因是，目前我国政府对文化单位的财政支持主要倾向于文化产业中的事业性单位而非经营性文化单位，而后者在市场机制的作用下对于文化产业资本冗余的减少和文化产业效率的提升具有重要作用。需要指出的是，这一结果并不意味着我们需要减少政府对文化产业中事业性单位的财政支持，而是应该在对事业性文化单位保持一定财政支持的情况下增加对经营性文化单位的支持力度。

5. 城市化水平的影响。

以城镇人口占总人口比重所反映的城市化水平变量在两个回归方程中的估计系数均为正，并且分别在5%和1%的显著性水平上显著，这表明，城市化水平对劳动和资本投入冗余均具有正向关系，即城市化水平的提高反而增加了劳动和资本投入冗余。可能的解释是，城市化水平提高并促进了文化产业规模的扩大，同时也带动了文化产业劳动投入和资本投入规模的增加，但劳动和资本投入的增加可能超出了文化产业规模扩大所能容纳的最优劳动和资本投入量，两者之间并不十分匹配，从而造成了文化产业效率下降。

（三）第三阶段——调整后DEA模型测算结果

在第二阶段使用SFA模型进行回归分析之后，根据式（2-8）对劳动和资本投入进行调整，以剔除外部环境因素和随机扰动因素。然后将经过调整后的劳动和资本投入变量以及原始的产出变量纳入基于DEA的BCC模型进行效率测算，得到调整后的各地区文化产业综合技术效率，并进一步将其分解得到调整后的纯技术效率和规模效率，测算结果见表 2 – 11。

表 2 – 11　调整后的西部民族地区文化产业技术效率及其分解（2015）

地区	综合技术效率	纯技术效率	规模效率	规模报酬
内蒙古	0.7450	0.7545	0.9874	irs
广西	0.7174	0.7687	0.9332	irs
四川	0.8387	0.8449	0.9927	irs
贵州	0.7992	0.8053	0.9924	irs
云南	0.8036	0.8753	0.9181	irs
西藏	0.7081	0.7682	0.9218	irs
甘肃	0.7334	0.8247	0.8893	irs
青海	0.7728	0.7984	0.9679	irs
宁夏	0.7969	0.8076	0.9867	irs
新疆	0.7697	0.7896	0.9748	irs
西部均值	**0.7674**	**0.8030**	**0.9558**	
中部均值	**0.7952**	**0.8367**	**0.9504**	
东部均值	**0.8164**	**0.8423**	**0.9692**	

注：表中各均值为几何平均值。
资料来源：使用 MaxDEA5.2 软件计算整理。

通过对比表 2 –9 和表 2 –11 所示的测算结果可以看出，调整前后的劳动和资本投入各地区文化产业综合技术效率、纯技术效率和规模效率均呈现出不同程度的差异。整体来看，调整后西部民族地区文化产业综合技术效率均值由 0.8678 下降为 0.7674，纯技术效率均值由 0.9044 下降为 0.8030，规模效率由 0.9596 略微下降为 0.9558。从中可以看出，外部环境因素和随机干扰对文化产业效率具有较大影响。在剔除了外部环境因素和随机干扰因素的情况下，文化产业纯技术效率值的下降是导致综合技术效率下降的主要原因。下面对调整后 DEA 模型测算的西部民族地区文化产业效率进行分析。

　　整体来看，剔除了外部环境因素和随机扰动之后，西部民族地区文化产业综合技术效率为 0.7674，这表明在没有外部环境和随机因素的影响下，西部民族地区文化产业约有 23% 的劳动和资本投入闲置，并未创造出相应的产出价值。换言之，在保证产出一定的情况下，西部民族地区文化产业可以节约 23% 的生产要素投入，这表明西部民族地区文化产业生产方式还较为粗放。因此，通过经营管理水平的改善和生产规模的相应调整，文化产业的技术效率还有很大的改进空间。此外，调整前后技术效率值的差异也表明良好的外部环境有助于文化产业技术效率的改进和提升。从综合技术效率的分解情况来看，西部民族地区文化产业的纯技术效率为 0.8030，规模效率为 0.9558，这表明纯技术效率的低下是造成文化产业技术效率低下的主要原因。与我国东部和中部地区相比，西部民族地区文化产业的纯技术效率低于东部地区（0.8423）和中部地区（0.8367），规模效率虽低于东部地区（0.9692），但高于中部地区（0.9504）。因此通过提高经营管理水平来改善纯技术效率应当作为西部民族地区文化产业提升技术效率、实现集约生产的主攻方向。

　　分地区来看，调整后四川文化产业的综合技术效率虽有所下降，但在西部民族地区中综合技术效率依然最高。其规模效率为 0.9927，表明四川文化产业的生产规模接近最优的生产规模；其综合技术效率下降主要源于纯技术效率的下降。其次为云南文化产业，其综合技术效率在西部民族地区文化产业中排名第二。剔除外部环境和随机干扰因素后，云南文化产业纯技术效率由 1 下降为 0.8449，而规模效率比调整前略有提高，这表明改善外部环境有助于提升云南文化产业技术效率。与四川和云南相比，内蒙古、广西、西藏①等地文化产业的技术效率排名比较靠后，低于西部民族地区文化产业技术效率均值，表明这些地区文化产业无论在纯技术效率还是在规模效率方面都还有很大

――――――――――

　　①　尤其是西藏地区，调整前其文化产业综合技术效率高于西部均值，表明外部环境因素对其文化产业效率具有较大影响。

的提升空间。因此，改善经营模式、提高管理水平并调整生产规模使之与要素投入相匹配应当成为这些地区文化产业未来发展中需要重点解决的问题。从规模报酬来看，调整之后西部民族地区的文化产业普遍处于规模报酬递增的阶段，表明目前各地文化产业的规模与最优产业规模尚存在一定的差距，可以在促进文化产业集约化发展的同时进一步扩大文化产业规模。

第三章 西部民族地区文化产业发展影响因素分析

促进西部民族地区文化产业转变发展方式，提升发展质量，实现又好又快发展的关键在于促进文化产业全要素生产率（TFP）增长，提高全要素生产率对文化产业产出增长的贡献份额。因此，本章首先使用基于 DEA 的马奎斯特全要素生产率指数对西部民族地区文化产业全要素生产率变化率进行测度和评价，并进一步将马奎斯特生产率指数分解为纯技术效率指数、规模效率指数和技术进步指数，以探究文化产业全要素生产率变化率组成部分的具体变化情况。其次，将全要素生产率对文化产业产出增长的贡献份额作为衡量文化产业发展方式的评价指标，对西部民族地区文化产业发展方式进行衡量和评价。最后，使用系统 GMM 模型对西部民族地区文化产业全要素生产率的影响因素进行实证分析，从而为促进文化产业全要素生产率增长、提高全要素生产率对文化产业增长的贡献份额、促进文化产业发展方式转变提供实证依据以及具有针对性的对策建议。

第一节 文化产业全要素生产率（TFP）的变化率：基于马奎斯特指数的测算和评价

一、马奎斯特指数构建

文化产业由粗放和外延型发展方式向集约和内涵型发展方式转变的

关键在于提高全要素生产率在文化产业产出增长中的贡献份额。文化产业全要素生产率的变化率能够很好地反映文化产业发展质量的动态变化。因此，本章首先对西部民族地区文化产业全要素生产率变化率进行测算和评价。

  基于 DEA 方法的马奎斯特全要素生产率指数[①]能够很好地对文化产业全要素生产率的变化情况进行测算。使用马奎斯特生产率指数测算文化产业全要素生产率变化[②]的原理在于，通过两个时期的距离函数之比对全要素生产率变化进行刻画，其中距离函数的计算需要使用 DEA。通过 DEA 方法利用文化产业的投入和产出数据来构造文化产业生产的最佳前沿面，并进一步计算每一个地区文化产业在两个时期分别相对于最佳生产前沿的距离，在此基础上衡量文化产业的技术进步、技术效率变化以及全要素生产率的变化。在构造 DEA – 马奎斯特全要素生产率指数之前需要首先计算距离函数 $D_0^t(X_n^t, Y_n^t)$。其计算公式为：

$$\left[D_0^t(X_n^t, Y_n^t) \right]^{-1} = \max \theta^n$$

$$\text{s. t. } \theta_n Y_{n,s}^t \leqslant \sum_{n=1}^{N} \lambda_n^t Y_{n,s}^t$$

$$X_{n,m}^t \geqslant \sum_{n=1}^{N} \lambda_n^t X_{n,m}^t$$

$$\lambda_n^t \geqslant 0 \qquad\qquad (3-1)$$

---

  ① 马奎斯特指数最早由马奎斯特（Malmquist，1953）在分析消费过程中提出，通过缩放因子之比构造了消费数量指数。之后，凯夫斯（Caves，1982）将该指数的应用拓展至生产分析中，将马奎斯特指数与 DEA 相结合构造了马奎斯特全要素生产率指数，并将其用于对全要素生产率变化的测算。再后来，法勒等（Fare et al.，1994）在班克和查恩斯（1984）提出的 BCC 模型的基础上构建了 DEA – 马奎斯特全要素生产率指数。此外，需要说明的是，第二章使用的基于 DEA 的 BCC 模型测算的技术效率属于静态效率范畴，而本章使用的基于 DEA 的马奎斯特全要素生产率指数测算的全要素生产率变化率属于动态效率范畴，衡量的是文化产业在一段时期内全要素生产率及其分解指标的动态变化。

  ② 使用 DEA – 马奎斯特生产指数来测算西部民族地区文化产业全要素生产率变化的主要优点有：（1）不需要关于文化产业劳动、资本等投入要素价格的信息；（2）适用于不同地区跨期的文化产业数据分析；（3）能够将文化产业全要素生产率变化分解为技术变化和技术效率变化，后者又可以进一步分解为纯技术效率变化和规模效率变化，这样有助于了解文化产业全要素生产率增长的来源。

式中，$X_{n,m}^t$ 为第 n 个地区（$n = 1, 2, \cdots, N$）的文化产业在第 t 时期（$t = 1, 2, \cdots, T$）使用第 m 种投入要素（$m = 1, 2, \cdots, M$），相应地生产了 $s = 1, 2, \cdots, S$ 种产出 $Y_{n,s}^t$，λ_n^t 为第 n 个地区文化产业的权重。在计算距离函数的基础上，构造以产出为导向的马奎斯特生产率指数为：

$$M_0(X^t, Y^t, X^{t+1}, Y^{t+1}) = \left[\frac{D_0^t(X^{t+1}, Y^{t+1})}{D_0^t(X^t, Y^t)} \times \frac{D_0^{t+1}(X^{t+1}, Y^{t+1})}{D_0^{t+1}(X^t, Y^t)} \right]^{1/2}$$

$$(3 - 2)$$

式（3 - 2）衡量了从 t 期到 $t + 1$ 期文化产业的全要素生产率变化。为了防止因前沿技术参照系选择不同而造成的生产率变化测算不一致，法勒等（1994）使用不同时期前沿技术参照系的距离函数来构造两个马奎斯特指数，然后取其几何平均值作为衡量全要素生产率的指数，从而避免了选择前沿技术参照系时的随意性。其中，$D_0^t(X^t, Y^t)$ 和 $D_0^t(X^{t+1}, Y^{t+1})$ 分别为以 t 期的最佳生产前沿技术为参照的 t 期和 $t + 1$ 期的距离函数；类似地，$D_0^{t+1}(X^t, Y^t)$ 和 $D_0^{t+1}(X^{t+1}, Y^{t+1})$ 分别为以 $t + 1$ 期的最佳生产前沿技术为参考的 t 期和 $t + 1$ 期的距离函数。若 $M_0(X^t, Y^t, X^{t+1}, Y^{t+1}) > 1$，则表示从 t 期到 $t + 1$ 期文化产业全要素生产率增长；若 $M_0(X^t, Y^t, X^{t+1}, Y^{t+1}) < 1$，则表示从 t 期到 $t + 1$ 期文化产业的全要素生产率出现了下降；若 $M_0(X^t, Y^t, X^{t+1}, Y^{t+1}) = 1$，则表示从 t 期到 $t + 1$ 期文化产业的全要素生产率不变[1]。若 t 期和 $t + 1$ 期文化产业生产均为技术有效率的，那么使用马奎斯特生产率指数是比较容易描述的。然而，若 t 期和 $t + 1$ 期各地区文化产业存在技术低效率，那么马奎斯特生产率指数所测算的文化产业全要素生产率的变化可能来源于技术变化或者技术效率变化。因此，我们需要进一步将文化产业的马奎斯特生产率指数分解为技术进步指数（TC）和技术效率变化指数（TEC），具体如下。

---

[1] 需要说明的是，马奎斯特生产率指数衡量的是文化产业从 t 期到 $t + 1$ 期全要素生产率的变化率而非全要素生产率本身。

$$M_0(X^t, Y^t, X^{t+1}, Y^{t+1}) = \left[\frac{D_0^t(X^{t+1}, Y^{t+1})}{D_0^{t+1}(X^{t+1}, Y^{t+1})} \times \frac{D_0^t(X^t, Y^t)}{D_0^{t+1}(X^t, Y^t)} \right]^{1/2} \times$$

$$\frac{D_0^{t+1}(X^{t+1}, Y^{t+1})}{D_0^t(X^t, Y^t)} = TC \times TEC \qquad (3-3)$$

式中，TC 衡量技术变化情况；TEC 衡量综合技术效率变化情况。由式（3-3）可以看出，文化产业全要素生产率的变化来源于技术变化和综合技术效率变化两个方面。其中，TC 是 t 期生产技术变化值和 $t+1$ 期生产技术变化值的几何平均值，该指数刻画了文化产业由 t 期到 $t+1$ 期最佳生产前沿面的移动程度，反映了文化产业的创新能力。$TC > 1$ 表示文化产业生产技术进步；$TC < 1$ 表示文化产业技术衰退；$TC = 1$ 表示文化产业技术未变。TEC 衡量的是由 t 期到 $t+1$ 期各地区文化产业的实际产出与最佳生产前沿面所代表的最大潜在产出之间迫近程度的变化情况，即对前沿生产技术吸收的追赶效应。TEC 的大小受文化产业管理方式方法的影响。$TEC > 1$ 表示文化产业技术效率改善，这可能源于文化产业管理方式合适，管理层管理决策得当；$TEC < 1$ 表示文化产业技术效率出现恶化，这可能是文化产业管理层决策失误或管理方式不当造成的。

式（3-3）是在规模报酬不变的假设下将 Malmquist 全要素生产率指数分解为技术变化指数和技术效率变化指数。然而现实中文化产业生产往往存在规模报酬变化（递增或递减）的情况，因此规模报酬不变的假设过于牵强，需要研究规模报酬可变的情况下文化产业全要素生产率的分解情况。如果放松规模报酬不变的假设，允许文化产业规模报酬可变，那么式（3-3）中 Malmquist 生产率指数中的技术效率变化指数（TEC）可以进一步分解为纯技术效率变化指数（$PTEC$）和规模效率变化指数（SEC），具体为：

$$M_0(X^t, Y^t, X^{t+1}, Y^{t+1}) = \left[\frac{D_0^t(X^{t+1}, Y^{t+1} \mid C)}{D_0^{t+1}(X^{t+1}, Y^{t+1} \mid C)} \times \frac{D_0^t(X^t, Y^t \mid C)}{D_0^{t+1}(X^t, Y^t \mid C)} \right]^{1/2} \times$$

$$\frac{D_0^{t+1}(X^{t+1}, Y^{t+1} \mid V)}{D_0^t(X^t, Y^t \mid V)} \times \left[\frac{D_0^t(X^t, Y^t \mid V)}{D_0^{t+1}(X^{t+1}, Y^{t+1} \mid V)} \times \right.$$

$$\frac{D_0^{t+1}(X^{t+1}, Y^{t+1} \mid C)}{D_0^t(X^t, Y^t \mid C)} \Bigg]$$

$$= TC \times PTEC \times SEC \qquad (3-4)$$

式中，$D_0^t(X^t, Y^t \mid C)$ 和 $D_0^t(X^t, Y^t \mid V)$ 分别为规模报酬不变和规模报酬可变假设下的距离函数。$PTEC = \dfrac{D_0^{t+1}(X^{t+1}, Y^{t+1} \mid V)}{D_0^t(X^t, Y^t \mid V)}$ 为纯技术效率变化指数，反映了纯技术效率的变化情况。$PTEC > 1$ 表示在规模可变的情况下纯技术效率提高，这主要是因为管理因素的改善；反之，$PTEC < 1$ 表示在规模可变的情况下纯技术效率下降；$PTEC = 1$ 表示在规模可变的情况下纯技术效率不变。$SEC = \left[\dfrac{D_0^t(X^t, Y^t \mid V)}{D_0^{t+1}(X^{t+1}, Y^{t+1} \mid V)} \times \dfrac{D_0^{t+1}(X^{t+1}, Y^{t+1} \mid C)}{D_0^t(X^t, Y^t \mid C)} \right]$ 为规模效率变化指数，反映了文化产业规模效率的变化情况。类似地，$SEC > 1$、$SEC < 1$ 和 $SEC = 1$ 分别表示文化产业规模效率提升、规模效率下降和规模效率不变。

二、变量与数据

根据数据可获取性，本书选取以下投入和产出变量来进行文化产业全要素生产率变化率测算。

（一）投入变量

1. 劳动投入。

劳动投入即衡量文化产业生产过程中实际投入的劳动量。国外文献在衡量某一产业劳动投入量时一般使用代表标准劳动强度的劳动时间，由于国内缺乏劳动时间的统计数据，本书使用文化产业从业人员数来反映文化产业劳动投入。

2. 资本投入。

一般使用资本存量来衡量资本投入。资本存量的计算是一个复杂的过程，目前多数研究采用永续盘存法（PIM）对其进行估算。本书同样采用"永续盘存法"对资本存量进行估算，并将其作为衡量各地区文化产业的资本投入变量。具体计算公式见第二章式（2-9）。在对文化产业资本存量的估算过程中，首先利用固定资产投资价格定基指数（2000年为基期）对文化产业的固定资产投资进行平减，以消除价格波动对变量的影响，从而得到固定资产投资的真实值；然后借鉴郑世林和葛珺沂（2012）的做法，设折旧率为5%，使用平减后的文化产业固定资产投资并以2000年为基期对资本存量进行估算，从而得到各地区文化产业的资本存量。

（二）产出变量

一般使用产业增加值来作为衡量产业的产出变量。部分文献使用文化产业的增加值来作为衡量文化产业的产出变量。然而，自2011年，《中国文化文物统计年鉴》不再系统披露各地文化产业增加值数据，部分文献通过各地区文化产业发展报告数据对文化产业增加值数据进行填补。由于文化产业发展报告数据的统计口径与《中国文化文物统计年鉴》的统计口径不一致，为了保持数据统计口径一致，本书选取文化及相关产业主营业务收入来作为衡量文化产业产出的代理变量。与资本存量类似，为了消除价格因素对变量数据可能产生的影响，使用各地区娱乐教育文化用品及服务价格定基指数对产出变量进行了平减，从而得到文化产业产出变量以2000年为基期的真实值。

本节所用数据主要来源于历年的《中国文化文物统计年鉴》《中国文化及相关产业统计年鉴》。受数据可得性限制，样本时间跨度设定为2000~2015年，在样本时间跨度内西藏地区大部分年份数据缺失，故将西藏从样本范围内剔除，于是本章样本范围主要包括内蒙古、广西、四川、贵州、云南、甘肃、青海、宁夏、新疆。

三、西部民族地区文化产业全要素生产率变化率测算结果与评价

本章基于 2000～2015 年西部民族地区文化产业的投入产出数据，使用产出导向的 DEA – 玛奎斯特生产率指数对西部民族地区文化产业的全要素生产率变化进行测度，并利用式（3－3）将全要素生产率变化指数分解为技术变化指数和技术效率变化指数，后者根据式（3－4）进一步分解为纯技术效率变化指数和规模效率变化指数。具体测算结果见表 3－1。

表 3－1　　历年西部民族地区文化产业全要素生产率（TFP）
变化及其分解（2000～2015）

年份	TFP 变化指数	技术变化指数	技术效率变化指数	纯技术效率变化指数	规模效率变化指数
2000～2001	1.0120	1.1879	0.8519	0.8924	0.9546
2001～2002	1.0955	1.0074	1.0875	1.0547	1.0311
2002～2003	1.0214	0.9627	1.0610	1.0318	1.0283
2003～2004	0.8419	1.0241	0.8221	0.9013	0.9121
2004～2005	1.2979	1.0824	1.1991	1.0587	1.1326
2005～2006	1.1218	0.9896	1.1336	1.1316	1.0018
2006～2007	1.0859	1.1353	0.9565	0.9694	0.9867
2007～2008	0.9900	1.0738	0.9219	0.9521	0.9683
2008～2009	1.1447	0.9911	1.1549	1.0435	1.1068
2009～2010	1.1771	1.1746	1.0021	1.0679	0.9384
2010～2011	1.0880	1.1213	0.9703	0.9914	0.9787
2011～2012	1.0745	1.0981	0.9785	0.9724	1.0063
2012～2013	1.1041	1.1004	1.0033	0.9697	1.0347
2013～2014	1.0986	1.0598	1.0367	1.0257	1.0107
2014～2015	1.0493	1.0285	1.0202	1.0188	1.0014
均值	**1.0758**	**1.0671**	**1.0082**	**1.0035**	**1.0046**

资料来源：使用 MaxDEA5.2 软件计算整理。

(一) 整体分析

根据表 3 - 1 的测算结果，2000～2015 年西部民族地区文化产业 TFP 变化指数总体均值为 1.0758，表明整体上西部民族地区文化产业全要素生产率的年均增长率为 7.58%。从 TFP 变化指数的分解情况来看，一方面，技术变化指数均值为 1.0671，表明 2000～2015 年西部民族地区文化产业整体上实现了技术进步，年均技术进步率为 6.71%，这一数据反映了近年来在国家有关政策的引导和扶持下，西部民族地区文化产业在技术引进和吸收以及技术创新方面取得了长足进展，从而推动了文化产业整体技术进步。另一方面，技术效率变化指数均值为 1.0082（样本考察期间西部民族地区文化产业整体技术效率年均增长率仅有 0.82%），其中部分年份技术效率变化指数小于 1，表明在这些年份技术效率出现了恶化。可能的原因是文化产业在生产过程中并未充分挖掘和利用已有生产投入要素和技术的潜力，从而使得文化产业生产轨迹向最佳生产前沿面的迫近程度小于最佳生产前沿面的移动程度（即技术进步），进而导致技术效率出现下降。从技术效率变化指数的分解情况来看，西部民族地区文化产业的纯技术效率变化指数和规模效率变化指数均值分别为 1.0035 和 1.0046，这表明整体上西部民族地区文化产业的纯技术效率和规模效率均得到了提升，但提升幅度较为有限，因此需要进一步提高文化产业的管理和运营水平并调整产业规模，从而促进文化产业的纯技术效率和规模效率实现更大幅度的改善。

从以上分析可以看出，在整个样本考察期间，我国西部民族地区文化产业实现了全要素生产率增长，其中技术进步和技术效率改善均对文化产业全要素生产率增长起到了一定的积极作用，但技术进步的作用（6.71%）明显大于技术效率的作用（0.82%）。这表明技术进步是推动全要素生产率增长的主要力量，而技术效率（包括纯技术效率和规模效率）对文化产业全要素生产率增长的贡献较小，未来需要通过提高技术效率来进一步促进文化产业全要素生产率增长。综上所述，西部民族地区文化产业在今后发展中应当尽可能兼顾技术进步与技术效率同步提升，充分发挥技术进步和技术效率改善对全要素生产率的积极作用，使二者形成合力共同推动全要素生产率增长。一方面，需要进一步加大文化产业技术创新力度和创新型人才引进和培养力度，在改造提升传统文化产业的同时着力培育和发展新兴文化产业，推动文化产业最佳生产前沿不断外移，促进文化产业技术进步。另一方面，进一步提升文化产业的经营管理水平和规模经济效益，充分挖掘和利用已有技术的生产潜力，从而促进文化产业技术效率提升。

（二）阶段分析

接下来，我们依据我国重要文化产业政策发布的时间节点将样本考察期划分为三个主要阶段，具体考察各阶段西部民族地区文化产业全要素生产率及其构成部分的变化情况，测算结果见表3－2。

表3－2　分阶段我国西部民族地区文化产业全要素生产率（TFP）变化及其分解

三个阶段	TFP 变化指数	技术变化指数	技术效率变化指数	纯技术效率变化指数	规模效率变化指数
2000～2002 年	1.0423	1.0483	0.9943	0.9903	1.0040
2003～2007 年	1.0741	1.0564	1.0168	1.0115	1.0052
2008～2015 年	1.0895	1.0796	1.0091	1.0045	1.0046

资料来源：使用 MaxDEA5.2 软件计算整理。

1. 阶段一（2000～2002 年）。在这一阶段国家出台了两个标志性文件：《中共中央关于制定国民经济和社会发展第十个五年计划的建议》和《文化产业发展第十个五年计划纲要》[1]。前者明确了发展文化产业的重要任务，后者从整体和具体行业两个维度对"十五"期间文化产业发展进行了布局[2]，这两个文件的发布标志着我国开启了积极探索发展文

---

① 此外，在这一时期我国相继颁布实施了《著作权法》《出版管理条例》《音像制品管理条例》《电影管理条例》等法律法规以及相关行政规章和地方性法规。

② 《文化产业发展第十个五年计划纲要》明确了"十五"期间我国文化产业发展的基本方针、主要目标和任务，提出了"十五"期间要"把文化产业培养成为国民经济新的增长点"，应"基本建立以产业政策为主要调控手段的文化产业宏观管理体制；基本形成以公有文化企业为主体、国有文化企业为导向、与非公有文化企业多元化发展的文化企业格局；初步建成比较完整的文化市场体系"。

化产业的新阶段。在这一阶段，我国西部民族地区文化产业全要素生产率实现了年均4.23%的增长，其中技术进步指数均值为1.0483，即技术进步率年均4.83%。技术效率变化指数为0.9943，即技术效率出现下降，其中纯技术效率变化指数为0.9903，规模效率指数为1.0040，这表明在此期间纯技术效率恶化是导致西部民族地区文化产业技术效率下降的主要原因。这可能是因为在文化产业发展初期，文化产业发展还处于摸索和尝试阶段，经营和管理模式尚未成熟，管理和运营水平低下导致文化产业技术效率下降。

2. 阶段二（2003~2007年）。在这一阶段国家相继出台了《关于支持和促进文化产业发展的若干意见》《中共中央关于完善社会主义市场经济体制若干问题的决定》①《关于深化文化体制改革的若干意见》《国家"十一五"时期文化发展规划纲要》《文化标准化中长期发展规划（2007-2020）》等，表明我国文化产业发展战略逐渐清晰，文化产业政策逐渐明晰化和规范化，这在很大程度上推动了文化产业快速健康发展。在这一阶段，西部民族地区文化产业全要素生产率年均增长7.41%，技术进步率年均5.64%，技术效率年均提高1.68%，其中纯技术效率提高占主导，年均提高1.15%。这表明我们对文化产业运作认识不断深化，文化产业在政府政策的引导和扶持下不仅实现了较快的技术进步，而且文化产业经营管理水平不断提高，产业规模也趋于合理，从而推动了文化产业全要素生产率增长。

3. 阶段三（2008~2015年）。2008年由于受国际金融危机的影响，西部民族地区文化产业技术进步放缓，同时纯技术效率和规模效率均出现下降，从而导致文化全要素生产率下降。2009年，国家出台了《文化产业振兴规划》及《关于加快文化产业发展的指导意见》《文化部文化产业投资指导目录》等配套文件。在政府政策的刺激下，西部民族地区

---

① 《中共中央关于完善社会主义市场经济体制若干问题的决定》提出："鼓励多渠道资金投入，促进各类文化产业共同发展，形成一批大型文化企业集团，增强文化产业的整体实力和国际竞争力。"这既是对文化体制改革的肯定，也为文化产业发展提供了政策支持。

文化产业全要素生产率又开始表现出增长势头，2009 年实现了 14.47%
的增长。总体来看，在这一阶段西部民族地区文化产业全要素生产率年
均增长 8.95%，其中文化产业技术进步率为 7.96%，成为推动西部民族
地区文化产业全要素生产率增长的主要驱动力量。与之相比，纯技术效
率和规模效率提升幅度不大，年均增长分别仅为 0.45% 和 0.46%。这主
要是近年来随着文化体制改革的不断深入推进和文化产业政策的不断推
出，国家对西部民族地区人、财、物等方面的扶持力度不断增大，加上
文化与科技融合程度逐渐加深，文化产业创新能力不断增强，商业模式
不断更新，从而促进了西部民族地区文化产业全要素生产率增长。

（三）区域分析

2000～2015 年西部各民族地区文化产业全要素生产率变化指数及其
分解指数的均值见表 3 - 3。从西部各民族地区文化产业全要素生产率变
化指数来看，样本考察期间除甘肃和新疆外，大部分民族地区文化产业
的技术变化指数均值都大于技术效率变化指数均值，表明大部分地区文
化产业全要素生产率增长的源泉主要来自技术进步。其中，四川和云南
两个地区的文化产业全要素生产率增长最快，年均增长率分别为
27.24% 和 15.89%。从全要素生产率变化指数的分解情况来看，这两个
地区的文化产业同时实现了技术进步和技术效率提升，并且技术变化指
数均大于技术效率变化指数，表明技术进步是推动四川和云南地区的文
化产业实现全要素生产率增长的主导动力。与之相比，宁夏、甘肃、新
疆、贵州地区的文化产业全要素生产率变化指数均值较小，排名靠后，
表明在样本考察期间这些地区文化产业全要素生产率增长缓慢。尤其是
贵州，其文化产业全要素生产率变化指数均值为 0.9737，表明贵州地区
文化产业全要素生产率出现下降。从全要素生产率变化指数的分解指数
来看，贵州地区文化产业技术变化指数为 1.0213，而纯技术效率变化指
数和规模效率变化指数分别仅为 0.9842 和 0.9687，表明贵州地区文化产
业的纯技术效率和规模效率均存在不同程度的下降，导致其综合技术效

率下降，进而造成其全要素生产率下降。因此，贵州地区文化产业应在保持技术进步的情况下着力提升其纯技术效率和规模效率。

表3-3　西部各民族地区文化产业全要素生产率（TFP）变化及其分解

地区	TFP变化指数	技术变化指数	技术效率变化指数	纯技术效率变化指数	规模效率变化指数
内蒙古	1.0655	1.0468	1.0179	1.0091	1.0087
广西	1.0868	1.0969	0.9908	0.9863	1.0046
四川	1.2724	1.2526	1.0158	1.0135	1.0023
贵州	0.9737	1.0213	0.9534	0.9842	0.9687
云南	1.1589	1.1121	1.0421	1.0148	1.0269
甘肃	1.0266	1.0035	1.0230	1.0104	1.0125
青海	1.0741	1.0569	1.0162	1.0124	1.0038
宁夏	1.0374	1.0322	1.0050	0.9987	1.0063
新疆	1.0148	1.0031	1.0116	1.0031	1.0085
均值	**1.0758**	**1.0671**	**1.0082**	**1.0035**	**1.0046**

资料来源：使用MaxDEA5.2软件计算整理。

从西部各民族地区文化产业技术变化指数来看，四川和云南地区的文化产业技术进步最快，技术进步率分别为25.26%和11.21%。与之相比，甘肃和新疆地区的文化产业技术进步较为缓慢，技术进步率分别仅为0.35%和0.31%，远低于西部民族地区文化产业技术进步率的平均水平（6.71%）。因此，甘肃和新疆地区应当重点加大文化产业技术创新投入和创新型人才的引进和培养力度，促进文化产业商业模式创新，推动文化产业技术进步。从西部各民族地区文化产业技术效率变化指数看，除了广西和贵州地区外，其余地区均不同程度地实现了文化产业技术效率的改善。广西和贵州地区的文化产业技术效率平均分别下降0.92%和4.66%。其中，广西地区文化技术效率下降的主要原因是纯技术效率的下降，表明广西地区文化产业的经营和管理水平有待进一步提高①。贵

---

① 宁夏地区文化产业技术效率虽有小幅度改进，但其纯技术效率出现下降，因此，宁夏地区文化产业也应注重其经营和管理模式的改进。

州地区文化产业技术效率下降的原因在于其纯技术效率和规模效率同时下降，因此，贵州地区文化产业在未来发展中不仅需要进一步改善运营模式和管理模式，还需调整其产业发展规模，使得产业规模与经营管理水平相匹配，进而提升文化产业规模效率。

第二节　文化产业发展方式的衡量与评价

为了促进西部民族地区文化产业转变发展方式，提升发展质量，实现又好又快发展，需要对西部民族地区文化产业的发展方式进行衡量与评价，并依据衡量结果为西部民族地区文化产业发展方式转变提出具有针对性的对策建议。本节通过构建文化产业发展方式评价指标，对文化产业发展方式进行测算和评价。

一、文化产业发展方式的评价方法

在研究经济发展方式方面，部分文献直接使用全要素生产率来作为衡量产业发展方式的测量指标（郑京海和胡鞍钢，2008；赵彦云和刘思明，2011）。但是，全要素生产率增长与经济发展方式转变的内涵是不同的，产业全要素生产率变化虽然能较好地刻画产业技术进步和综合技术效率变化等情况，但尚不足以衡量产业发展方式的变化。衡量产业发展方式的核心在于揭示出推动产业发展的动力机制。在推动产业发展的动力机制中，主要依靠增加劳动、资本等生产要素投入来推动产业增长的方式属于粗放型或外延型发展方式。与之相对，主要依靠全要素生产率提升来推动产业增长的方式属于集约型或内涵型发展方式。那么，转变产业发展方式的核心在于不断提升全要素生产率对产业增长的贡献份额（赵文军和于津平，2012）。因此，本章将西部民族地区文化产业全要素生产率增长对文化产业产出增长的贡献份额作为刻画文化产业发展方式的衡量指标。

设 t 时期第 n 个西部民族地区文化产业的生产函数为：

$$Y_{nt} = A_{nt}K_{nt}^{\alpha}L_{nt}^{\beta}, t = 1,2,\cdots,T; n = 1,2,\cdots,N \qquad (3-5)$$

式中，Y_{nt}、A_{nt}、K_{nt}^{α}、L_{nt}^{β} 分别表示西部民族地区文化产业产出、全要素生产率、资本投入和劳动投入。对式（3-5）两边取对数并对时期 t 求微分，可得：

$$g_{Y_{nt}} = g_{A_{nt}} + \alpha g_{K_{nt}} + \beta g_{L_{nt}} \qquad (3-6)$$

式中，西部民族地区文化产业产出增长率（$g_{Y_{nt}} = \frac{\Delta Y_{nt}}{Y_{nt}}$）由文化产业全要素生产率增长率（$g_{A_{nt}} = \frac{\Delta A_{nt}}{A_{nt}}$）、资本投入增长率（$g_{K_{nt}} = \frac{\Delta K_{nt}}{K_{nt}}$）和劳动投入增长率（$g_{L_{nt}} = \frac{\Delta L_{nt}}{L_{nt}}$）共同决定。

对式（3-6）两边同时除以 $g_{Y_{nt}}$，可得：

$$\frac{g_{A_{nt}}}{g_{Y_{nt}}} + \frac{\alpha g_{K_{nt}}}{g_{Y_{nt}}} + \frac{\beta g_{L_{nt}}}{g_{Y_{nt}}} = 1 \qquad (3-7)$$

由式（3-7）可知，t 时期第 n 个西部民族地区文化产业全要素生产率增长对文化产业产出增长的贡献份额与劳动、资本要素投入对文化产业产出增长的贡献份额总和为 1。若文化产业增长主要依赖劳动和资本要素投入，即劳动和资本投入对文化产业产出增长的贡献份额大于全要素生产率增长的贡献份额，那么该地区文化产业发展方式属于粗放型或外延型，产业增长主要由生产要素投入增加带动。与之相对，若文化产业增长主要依靠全要素生产率增长驱动，即全要素生产率增长对文化产业产出增长的贡献份额大于劳动和资本投入的贡献份额，那么该地区文化产业发展方式属于集约型或内涵型，可持续性较高。

为了定量考察西部民族地区文化产业发展方式，需要对比全要素生产率增长对文化产业产出增长的贡献份额与劳动、资本投入对文化产业产出增长的贡献份额的相对大小。t 时期第 n 个西部民族地区文化产业全要素生产率增长对文化产业产出增长的贡献份额（$TFPTY$）为：

$$TFPTY = \frac{(A_{nt} - A_{nt-1})/A_{nt-1}}{(Y_{nt} - Y_{nt-1})/Y_{nt-1}} = \left(1 + \frac{\alpha g_{K_{nt}}}{g_{A_{nt}}} + \frac{\beta g_{L_{nt}}}{g_{A_{nt}}}\right)^{-1} \quad (3-8)$$

由式（3-8）可知，当 $g_{A_{nt}} > \alpha g_{K_{nt}} + \beta g_{L_{nt}} > 0$ 时，$0 < \frac{\alpha g_{K_{nt}}}{g_{A_{nt}}} + \frac{\beta g_{L_{nt}}}{g_{A_{nt}}} < 1$，此时 $0.5 < TFPTY < 1$。在这种情形下，西部民族地区文化产业全要素生产率增长对文化产业产出增长的贡献份额大于劳动和资本增长对文化产业产出增长的贡献份额，即文化产业产出增长主要由全要素生产率增长驱动，表明西部民族地区文化产业发展的动力机制主要来源于技术进步和技术效率提升，产业发展方式趋于集约型和内涵型，文化产业可持续发展潜力较大，发展质量得到了提高。当 $\alpha g_{K_{nt}} + \beta g_{L_{nt}} > g_{A_{nt}}$ 时，$\frac{\alpha g_{K_{nt}}}{g_{A_{nt}}} + \frac{\beta g_{L_{nt}}}{g_{A_{nt}}} > 1$，此时 $TFPTY < 0.5$。在这种情形下，西部民族地区文化产业发展中劳动和资本增长对文化产业产出增长的贡献份额大于全要素生产率增长对文化产业产出增长的贡献份额，表明文化产业产出增长主要依赖劳动、资本等生产要素投入增加，并未充分利用技术进步和技术效率来提升、促进文化产业发展，因此，属于粗放型和外延型发展方式。

二、西部民族地区文化产业发展方式衡量与评价

在样本期间，我国西部各民族地区文化产业全要素生产率的增长率和文化产业产出增长率见表3-4，根据式（3-8）测算得到西部各民族地区文化产业全要素生产率对文化产业产出增长的贡献率见表3-4第4列。

表3-4　　　　　**西部各民族地区文化产业发展方式评价**　　　　单位：%

地区	TFP 增长率	产出增长率	TFP 贡献份额
内蒙古	6.5512	18.5809	35.2577
广西	8.6801	21.7857	39.8431
四川	27.2398	41.0202	66.4058

地区	TFP 增长率	产出增长率	TFP 贡献份额
贵州	-2.6278	14.0144	-18.7507
云南	15.8923	33.5235	47.4064
甘肃	2.6612	21.2342	12.5326
青海	7.4121	16.5948	44.6652
宁夏	3.7403	8.9834	41.6357
新疆	1.4810	6.6415	22.2992
均值	**7.5796**	**17.6237**	**43.0080**

注：全要素生产率（TFP）贡献份额为全要素生产率的增长率占文化产业产出增长率的比重。

由表 3-4 测算结果可以看出，在样本考察期间，西部民族地区文化产业整体全要素生产率对文化产业产出增长的贡献份额平均为43.0080%，低于劳动和资本投入对文化产业产出增长的贡献份额。这表明整体上，西部民族地区文化产业增长主要依赖劳动、资本等生产要素投入增加来推动，尚未充分依靠技术进步和技术效率提升来驱动文化产业发展，导致全要素生产率增长的作用较为有限。因此，从总体来看，我国西部民族地区文化产业发展方式的粗放型和外延型特征较为明显，尚未实现由粗放型发展方式向集约型发展方式转变。未来，西部民族地区文化产业需要进一步提升技术进步速率并着力改善技术效率，进而推动文化产业全要素生产率不断增长，提高全要素生产率对文化产业增长的贡献比重，最终实现文化产业高效集约发展。

从分地区的测算结果来看，在样本期间，四川地区文化产业全要素生产率增长对文化产业增长的贡献份额约为66.41%，高于劳动、资本等要素投入对文化产业增长的贡献份额，表明四川地区文化产业在发展过程中更多地依靠全要素生产率提升来促进文化产业发展，发展方式趋于集约型和内涵型，发展质量不断提升。这主要是四川地区文化产业技术进步速度较快，同时经营管理水平较高且产业规模适宜，文化产业技术效率不断提高，从而使得四川地区文化产业全要素生产率实现了较快增长，并进一步助推文化产业高效集约发展。其他西部民族地区文化产业全要素生产率增长对文化产业增长的贡献率均低于50%，即劳动、资本等要素投入增长率的加权均值高于全要素生产率的增长率。这一结果表明，大部分西部民族地区在发展文化产业的过程中更多地依赖劳动、资本等生产要素投入，属于要素驱动型增长模式，尚未实现发展动力转换。未来，需要进一步提高文化产业的全要素生产率，加速发展动力转换，实现由要素驱动向创新驱动转变，促进西部民族地区文化产业集约发展。

第三节　文化产业发展影响因素的理论分析

根据前述 DEA – 马奎斯特生产率指数的测算结果，2000～2015 年我国西部民族地区文化产业整体上虽实现了年均 7.58% 的全要素生产率增长，但个别年份和个别地区文化产业全要素生产率依然不高，甚至还出现了全要素生产率下降的现象。从文化产业发展方式来看，大部分地区文化产业发展方式仍属于粗放型和外延型。因此，我国西部民族地区文化产业全要素生产率依然存在较大的增长空间和潜力。为了提高文化产业发展质量，促进其发展方式向集约型发展方式转变，需要进一步提高文化产业全要素生产率对文化产业增长的贡献份额，也就是要进一步促进文化产业全要素生产率增长，因此，需要深入探究影响西部民族地区文化产业全要素生产率增长的主要因素，从而为推动西部民族地区文化产业全要素生产率提升、促进文化产业发展方式转变提供具有针对性的政策建议。

一、文化市场需求

文化产品和服务的市场需求是推动文化产业持续发展的内生动力源泉之一。我国文化产业发展的主要目的在于为社会大众提供丰富多样的文化产品和服务以满足社会大众日益增长的精神文化需求。而一个地区不断增长的文化市场需求无疑会对文化产业发展形成一种较强的正向激励机制，促进文化产业扩大生产规模；同时，不断升级的文化市场需求结构会倒逼文化产品和服务供给结构不断升级和优化，促使文化产业提高文化产品和服务供给质量并加大文化产品和服务创新力度，推动文化产业技术不断进步，进而促进文化产业全要素生产率提升。此外，袁海和吴振荣（2012）的研究表明，一个地区不断增长的文化产品和服务市场需求有助于引致该地区文化产业集聚并提升其专业化水平，在发挥文化产业规模经济效应的同时促进文化产业不断提升其经营管理水平，而这有助于文化产业技术效率的改进，并进一步推动文化产业全要素生产率增长。据此，我们认为随着经济社会的不断发展和人民生活水平的逐步提高，文化市场需求不断扩张，需求结构不断升级，从而有助于提高文化产业全要素生产率。据此提出如下研究假说。

假说1：文化市场需求对西部民族地区文化产业的全要素生产率具有正向影响。

二、文化产业集聚

产业集聚是指同一产业在某个特定的地理空间和区域范围内高度集中，表现为产业资本要素在该区域范围不断汇集，大量紧密关联的企业单位以及一些相关支持机构集聚在一起的过程。文化产业集聚是指文化产业主体（即文化企业）及相关支持机构在特定区域范围内集中，共同作用形成文化产业价值链，有利于形成文化产业集群的规模效应和竞争优势。文化产业集聚对文化产业全要素生产率的影响包括以下几个方面：一是文化产业集聚促进了文化企业彼此之间的交流合作和要素资源共享，有利于市场信息的交流和技术的扩散，为企业实现专业化分工创造了条件，同时有利于加速文化资源整合、提高文化资源配置效率。二是文化产业集聚有助于文化产品和服务生产、运输成本和交易成本的降低，便于文化产业发挥规模经济效应并提高文化产品和服务的市场竞争力。此外，文化产业集聚有利于培养和形成一批具有雄厚实力的大型文化企业集团，从而增强了文化产业的国际竞争力。三是文化产业在集聚过程中汇集了大量文化产业相关专业人才和管理人才，这有助于提高文化产业集群中文化企业的经营管理水平和技术水平，促进文化产业全要素生产率提高。据此提出如下研究假说。

假说2：文化产业集聚程度与西部民族地区文化产业的全要素生产率具有正向关系。

三、文化产业政策

产业政策是指政府为了促进某地区某产业的发展而采取的一系列政策措施。由于文化产业具有一定的特殊性，文化产业的发展与政府的政策扶持紧密相关。为了促进我国文化产业发展，中央政府和地方政府出台了一系列政策文件和配套措施，同时推动并不断深化文化体制改革，例如为经营性文化事业单位转企改制给予政策优惠和支持，各级地方政府也不断增强对文化产业发展的政策支持力度。政府透过功能性产业政策来改善和优化市场环境、规范市场竞争秩序，有助于文化市场健康发展以及文化产业运行交易成本的降低，从而对文化产业全要素生产率具有积极作用。当然，政府作用的发挥需要一定的边界，如果通过产业政策对文化产业发展进行过多的干预，则不利于市场功能的正常发挥，容易造成要素市场价格扭曲，影响资源配置效率，反而对文化产业全要素生产率产生不利影响。此外需要注意的是，文化产业政策能否发挥应有的作用往往具有一定的条件，根据林毅夫的新结构经济学，如果文化产业政策符合一地区的文化资源禀赋，那么该地区文化企业的产品和服务就具有要素成本优势，该地区的文化产业也就具有市场竞争力，从而文化产业政策有助于提高文化产业全要素生产率。若文化产业政策违背该地区的文化资源禀赋结构，那么该地区文化企业在开放竞争的市场环境中便缺乏自生能力，需要依靠政府的保护补贴来维持生存，这样便不利于文化产业全要素生产率的提高。据此提出如下研究假说。

假说3：文化产业政策与西部民族地区文化产业的全要素生产率具有正向或负向关系。

四、文化市场结构

文化产业中的企业数量可以间接反映文化市场结构，文化市场结构又直接影响了文化市场的竞争水平。一般来讲，文化产业中的企业数量越多，文化产业集中度越低，文化市场竞争越趋激烈。文化市场结构对文化产业全要素生产率的影响主要包括两个方面：一方面，文化企业数量越多，文化市场竞争越激烈，竞争压力越大。为了在激烈的市场竞争中存活下来，文化企业会努力改善经营和管理水平，同时会积极进行文化产品和服务的创新，以差异化、特色化的文化产品和服务立足文化市场。这样不仅会推动整个文化产业纯技术效率的提升，还会促进文化产业技术进步，从而对文化产业全要素生产率提高产生正向促进作用。另一方面，文化企业数量过多，文化产业集中度过低，在资源有限的情况下文化企业规模将普遍偏小，这不利于文化产业规模化发展，难以实现规模效应，从而可能对文化产业规模效率产生不利影响。同时，文化企业规模偏小将导致文化企业难以拥有充足的人、财、物力进行产品和服务创新，因此可能对文化产业整体技术进步产生不利影响，并最终影响文化产业全要素生产率的增长。据此提出如下研究假说。

假说4：文化市场竞争水平与西部民族地区文化产业的全要素生产率具有正向或负向关系。

五、城市化水平

城市作为技术创新活动和高素质高水平人才的聚集地，有助于知识扩散溢出和技术创新。城市化能够通过技术创新来促进全要素生产率增长（魏下海和王岳龙，2010）。根据现有研究文献，城市化水平影响文化产业全要素生产率的机理主要包括两个方面：一方面，城市化具有集聚效应。城市化会引发经济活动、人力资本、创新要素等在城市汇聚，有助于促进劳动专业化分工并提升交易效率，进而推动文化产业全要素生产率增长。另一方面，城市化具有创新中介效应。城市的多样性特征、创新网络优势、人力资本累积效应等特征使得城市化能够发挥创新中介效应，促进技术创新，从而有利于文化产业全要素生产率提升。魏下海和王岳龙（2010）的实证研究表明，城市化在很大程度上依靠创新中介效应来促进全要素生产率增长。据此提出如下研究假说。

假说 5：城市化水平与西部民族地区文化产业的全要素生产率具有正向关系。

六、人力资本水平

通常，人力资本主要通过技术创新以及影响技术扩散和技术模仿速度来对全要素生产率产生影响（魏下海和张建武，2010）。文化产品和服务主要以创意创新为核心，从文化资源到文化产品和服务需要具有专业化技能和高水平创新创造能力的创意人才资源作支撑，因此，文化产业的快速高效发展离不开高素质、高技能的人力资本。若某地区人力资本水平较高，则该地区文化产业更容易引发创新创造活动，这对技术外溢、扩散和消化吸收具有积极作用，从而有利于该地区文化产业技术进步。同时，人力资本水平较高的地区更容易引发人才集聚，通过培育和引进高水平的管理人才和先进的管理经验有助于提高文化产业的经营管理水平、优化资源配置，进而有利于促进文化产业技术效率提高。因此，某地区文化产业的发展以及全要素生产率的提高与该地区人力资本水平密切相关。据此提出如下研究假说。

假说 6：人力资本水平对西部民族地区文化产业的全要素生产率具有正向影响。

第四节　文化产业发展影响因素的实证检验：基于系统 GMM 模型

一、模型设定、变量选取与数据说明

（一）计量模型构建

根据西部民族地区文化产业发展影响因素的理论分析，本书构建如下动态面板计量模型，即：

$$TFP_{nt} = c + \beta_1 TFP_{nt-1} + \beta_2 Demand_{nt} + \beta_3 Cluster_{nt} + \beta_4 Policy_{nt} +$$
$$\beta_5 Structure_{nt} + \beta_6 Urban_{nt} + \beta_7 Capital_{nt} + \mu_n + \varepsilon_{nt} \qquad (3-9)$$

式中，被解释变量 TFP_{nt} 为西部民族地区文化产业全要素生产率；$Demand_{nt}$、$Cluster_{nt}$、$Policy_{nt}$、$Structure_{nt}$、$Urban_{nt}$、$Capital_{nt}$ 为解释变量，分别代表文化市场需求、文化产业集聚、文化产业政策、文化市场结构、城市化水平和人力资本水平。此外，由于文化产业全要素生产率增长具有一定的惯性，即前一期全要素生产率可能会对当期全要素生产率产生一定的影响。因此，为了考察前期全要素生产率对当期全要素生产率的影响，本书将滞后一期的 TFP 作为解释变量纳入计量模型。β 为各解释变量的待估系数；μ_n 代表个体固定效应；ε_{nt} 为随机干扰项。

由于式（3-9）的解释变量中包含了被解释变量——文化产业全要素生产率的滞后项，其与随机干扰项 ε_{nt} 之间往往具有一定的相关性，从而使得回归模型容易产生内生性问题。在这种情况下，如果使用普通最小二乘估计法（OLS）来进行回归分析，则会导致解释变量系数估计结果有偏和非一致。因此，考虑使用 DEA 方法计算得到的文化产业全要素生产率数据具有一定的序列相关性，以及本书设定的计量模型为动态面板模型，借鉴关和兰森克（Guan & Lansink，2006）的做法，本书采用动态面板广义矩（GMM）估计法[①]来对西部民族地区文化产业全要素生产率的影响因素进行实证研究。

GMM 估计法分为差分 GMM 估计法和系统 GMM 估计法。其中差分 GMM 估计法由阿雷拉诺和邦德（Arellano & Bond，1991）提出，虽然该方法在一定程度上缓解了内生性问题[②]，但该估计法存在一定的缺陷，如容易产生弱工具变量问题。为了弥补差分 GMM 估计法的不足，布伦德尔和邦德（Blundell & Bond，1998）提出了系统 GMM 估计法。该估计法由差分 GMM 估计法和水平 GMM 估计法结合得到，不仅可以提高估计效率，还具有更好的小样本性质（Roodman，2009）。系统 GMM 估计法的原理为：

$$y_{nt} = \alpha y_{nt-1} + \beta x_{nt} + \mu_n + \varepsilon_{nt} \qquad (3-10)$$

$$\Delta y_{nt} = \alpha \Delta y_{nt-1} + \beta \Delta x_{nt} + \Delta \varepsilon_{nt} \qquad (3-11)$$

式（3-10）和式（3-11）分别为水平方程和差分方程。将 Δy_{nt-k}（$k \geqslant 2$）作为水平方程中 y_{nt-1} 的工具变量[③]，将 y_{nt-k}（$k \geqslant 2$）作为差分方程中 Δy_{nt-1} 的工具变量，在 ε_{nt} 不存在自相关的情况下，通过结合以下矩约束条件对各待估系数进行估计，即：

$$E(\Delta y_{nt-k} \cdot \varepsilon_{nt}) = 0(t = 3,4,\cdots,T;k \geqslant 2) \qquad (3-12)$$

$$E(y_{nt-k} \cdot \Delta \varepsilon_{nt}) = 0(t = 3,4,\cdots,T;k \geqslant 2) \qquad (3-13)$$

通过矩约束条件式（3-12）和式（3-13）能够得到工具变量矩阵

---

① 相对传统的回归模型估计法要求随机误差项服从某一特定分布的前提而言，GMM 估计法对于随机误差项的分布并没有硬性要求，并且允许随机误差项存在异方差性，其具有有效处理模型中内生性和异方差性等问题的优点，因而与其他估计方法相比，GMM 估计法能够得到更为合理的估计结果。

② 差分 GMM 估计法的思路是：对计量模型进行一阶差分，得到差分方程，然后使用被解释变量的高阶滞后项来作为差分项的工具变量，通过求解样本矩的最小化二次型来估计回归系数。

③ 与差分 GMM 估计法相比，系统 GMM 估计法多了一组工具变量，即作为水平方程工具变量的差分变量的滞后项。因此，系统 GMM 估计法弥补了差分 GMM 估计法的不足，能够更好地控制内生性问题，得到更加有效的估计结果。

Z_{nt} 和一个由 ε_{nt} 和 $\Delta\varepsilon_{nt}$ 组成的矩阵 U_{nt}，对矩约束条件进行转化，有：

$$G(\alpha,\beta) = \frac{1}{N}(\sum_{n=1}^{N} Z_{nt}U_{nt}) \qquad (3-14)$$

通过最小化样本矩之间的加权距离函数可求得 GMM 的系数估计值，即：

$$\widehat{\beta} = \arg\min_{\beta}S(\alpha,\beta) = \arg\min_{\beta}\left[G(\alpha,\beta)\right]^{-1}W\left[G(\alpha,\beta)\right]$$
$$(3-15)$$

与差分 GMM 估计法相比，系统 GMM 估计法不仅可以提高变量系数的估计效果，而且具有更好的小样本性质，因此本书选择系统 GMM 估计法进行估计。此外，系统 GMM 估计法又分为一步系统 GMM 估计法和两步系统 GMM 估计法，但在小样本中两步系统 GMM 估计量的标准差会存在向下偏倚的情况，因此本书使用一步系统 GMM 估计法[①]对式（3-9）进行估计。

（二）变量选取与数据说明

1. 被解释变量。

本书选取文化产业全要素生产率（TFP）作为回归模型的被解释变量。为了捕捉西部民族地区文化产业全要素生产率在各年间的动态变化，以及避免因 DEA-马奎斯特全要素生产率指数在 1 附近变化不显著而可能造成的计量不显著问题，本书使用累积的文化产业全要素生产率指数进行分析，并根据马纳吉和耶拿（Managi & Jena，2008）将全要素生产率指数转化为（$1+M_0$），然后对其进行对数化处理[②]。

2. 解释变量。

除了滞后一期的文化产业全要素生产率（TFP_{t-1}）外，本书所用的

[①] 使用系统 GMM 估计法进行估计后需要进行相关检验。其中，一个是 AR 检验，即检验随机干扰项的差分是否存在序列相关，从而判断使用系统 GMM 估计法进行回归是否合理；另一个是 Sargan 检验，即过度识别约束检验，从而判断选取的工具变量是否有效。
[②] 王兵等（2010）、王兵和朱宁（2011）在进行全要素生产率回归分析时采取了相同的处理办法。

其余各解释变量说明如下。

文化市场需求（*Demand*）。使用西部各民族地区居民人均文化娱乐消费支出占居民家庭人均消费支出的比重对文化市场需求水平进行衡量，该变量反映了居民在文化产品和服务方面的消费需求情况。

文化产业集聚（*Cluster*）。本章使用区位熵对西部各民族地区文化产业的集聚水平进行测算。测算公式为：$Cluster = \dfrac{R_{ij}/R_j}{R_i/R}$，其中 R_{ij}/R_j 表示某地区文化产业从业人数占该地区就业人数的比重，R_i/R 表示全国文化产业从业人数占全国就业人数的比重。

文化产业政策（*Policy*）。文化产业政策中的一个重要部分是政府对文化产业发展的财政支持。受数据可得性限制，本书使用各地区文化事业费占财政支出的比重来衡量政府对西部民族地区文化产业的财政支持力度，间接反映文化产业政策。

文化市场结构（*Structure*）。鉴于数据的可获取性，本书使用西部各民族地区的文化、体育和娱乐业法人单位数来间接衡量文化市场结构。

城市化水平（*Urban*）。本书使用西部各民族地区城镇人口占总人口的比重来对城市化水平进行衡量。

人力资本水平（*Capital*）。根据已有文献，通常使用地区人均受教育年限对人力资本水平进行衡量。人均受教育年限的计算公式为：$edu = \dfrac{r_1 \times 0 + r_2 \times 6 + r_3 \times 9 + r_4 \times 12 + r_5 \times 16}{r_1 + r_2 + r_3 + r_4 + r_5}$。其中，$r_1$、$r_2$、$r_3$、$r_4$、$r_5$ 分别表示西部各民族地区教育程度为未接受学校教育、小学、初中、高中、大专及以上水平的人数，对应的受教育年限分别为 0 年、6 年、9 年、12 年、16 年。

本节所用数据主要来源于历年《中国文化文物统计年鉴》《中国文化及相关产业统计年鉴》《第三产业统计年鉴》《中国统计年鉴》等。为了平滑数据，对文化市场结构变量和人均资本变量取对数。

二、实证结果及分析

本书使用系统 GMM 估计法对式（3－9）进行估计，估计结果见表3－5。

表3－5　西部民族地区文化产业全要素生产率（TFP）影响因素估计结果

解释变量	被解释变量：文化产业 TFP	
	系统 GMM 估计法	FE
L. TFP	0.5258 *** （0.1023）	
Demand	0.3135 ** （0.1486）	0.1874 * （0.1102）
Cluster	1.0861 （0.6831）	1.0027 （0.6730）
Policy	0.4862 （0.3117）	0.4011 （0.2571）
Structure	－0.0548 * （0.0301）	－0.0792 ** （0.0392）
Urban	0.2835 ** （0.1337）	0.3747 ** （0.1703）
Capital	0.0157 ** （0.0074）	0.0346 * （0.0213）
常数项	4.5478 ** （1.9319）	11.7344 *** （2.4102）
AR（1）（P＞Z）	0.0162	
AR（2）（P＞Z）	0.6785	
Sargan Test（P＞chi²）	0.2703	

注：L. TFP 为被解释变量的滞后一期。表中数值为各变量系数的估计值，括号内为对应的标准误。 *** 、 ** 、 * 分别表示在1%、5%和10%的水平上显著。

资料来源：使用Stata11.0软件和"xtabond2"程序估计得到。

根据表3－5中系统 GMM 估计法的估计结果可以看出，AR（1）对应的 P 值为0.0162，即 AR（1）在5%的显著性水平上拒绝了原假设，表明随机误差项的差分存在一阶自相关。AR（2）对应的 P 值为 0.6785，即 AR（2）在5%的显著性水平上接受原假设，表明随机误差项的差分不存在二阶自相关。因此，本书使用系统 GMM 估计法进行回归是较为合理的。在过度识别约束检验方面，Sargan 检验的 P 值为0.2703，从而可以判断模型所选取的工具变量是有效的。综合上述检验结果，本书采用系统 GMM 估计法对计量模型进行回归所得到的估计结果是有效的。接下来对西部民族地区文化产业全要素生产率（TFP）影响因素的估计结果展开分析。

（1）滞后一期的文化产业全要素生产率（LTFP）的估计系数为正，并且在1%的显著性水平上显著，即前一期的文化产业全要素生产率对当期的文化产业全要素生产率具有正向影响。这表明西部民族地区文化产业全要素生产率增长具有一定的连续性和惯性，前期全要素生产率的积累有助于推动后期全要素生产率的改善。

（2）文化市场需求（Demand）的估计系数在5%的显著性水平上显著为正，表明文化市场需求的增加有助于推动西部民族地区文化产业全要素生产率提高，假说1得到了验证。这一结果表明，随着西部民族地区经济发展、居民生活水平改善、人均收入水平不断提高，居民对文化产品和服务的需求不断增长。不断增长的文化市场消费需求激励文化企业扩大生产规模，提高经营和管理水平，加大文化和服务创新力度，提高文化产品和服务的供给质量，从而有利于西部民族地区文化产业全要素生产率提高。

（3）文化产业集聚（Cluster）的估计系数为正，与理论预期一致，但并不显著。出现这一结果可能的原因是，目前西部民族地区文化产业集聚水平不高，尚未收获产业集聚效应。较低的文化产业集聚水平难以有效促进文化企业之间的信息交流、资源共享、技术扩散和技术创新合作，对文化产业内部专业化分工和文化产业技术进步的促进作用十分有限。同时，集聚水平较低导致文化产业难以实现规模化发展，从而难以获取规模经济效益，不利于文化产品和服务生产成本降低以及竞争力的提升。因此，未来西部民族地区文化产业发展过程中应当加快产业集聚、培育产业集群，政府应当进一步完善配套措施促进文化产业集聚发展，充分发挥文化产业集聚优势。

（4）文化产业政策（Policy）的估计系数为正，但并未通过显著性检验。可能的原因有：一是文化产业政策不仅包括政府的财政支持政策，还包括土地、税收、金融、人才等相关配套政策，因此，使用各地区文化事业费占财政支出的比重来衡量政府对西部民族地区文化产业的财政支持力度存在一定的偏差。二是政府财政资金的使用效率可能影响其对文化产业全要素生产率增长应有的作用。三是目前政府财政扶持的主要是文化事业单位，然而与文化事业单位相比，文化企业往往具有更高的经营管理水平和技术创新动力，也就是说政府财政扶持应当适当向更能促进文化产业技术进步和技术效率提高的文化企业倾斜，这样或许能够促进西部民族地区文化产业全要素生产率提高。

（5）文化市场结构（Structure）的估计系数为负，并且在10%的显著性水平上显著，即以文化、体育和娱乐业法人单位数所衡量的文化市场结构与西部民族地区文化产业全要素生产率之间存在负向关系，表明较为分散的市场结构对文化产业全要素生产率增长产生了负向影响。出现这一结果可能的原因是，在集中度较低的文化市场结构中，文化企业普遍存在小而分散的情况，不利于文化产业实现规模化生产和运营，从而降低了文化产业的规模效率。同时，企业规模偏小将难以投入充足的人力、物力和财力来进行产品和服务创新，从而阻碍了文化产业技术进步，即分散的市场结构不利于西部民族地区文化产业全要素生产率提高。因此，西部民族地区应当鼓励和推动文化企业之间进行兼并重组，整合和优化文化资源配置，提高文化市场集中度，培育和发展具有雄厚实力的大型文化企业，这样有利于推动西部民族地区文化产业实现高效集约化发展。

（6）城市化水平（Urban）的估计系数在5%的显著性水平上显著为正，即城市化水平的提高有助于促进西部民族地区文化产业全要素生产率提高，假说 5 得到了验证。这一结果表明，城市化水平的提高通过集聚效应和创新中介效应促进了文化产业技术进步和技术效率改善，进而推动了西部民族地区文化产业全要素生产率增长。

（7）人力资本水平（Capital）的估计系数为正，并且在 5% 的显著性水平上显著，即人力资本水平对西部民族地区文化产业全要素生产率具有正向影响，假说 6 得到了验证。这一结果表明地区人力资本水平越高，高素质、高学历的人才越集中，越有利于促进知识和技术的扩散与消化、吸收和再创新，有助于推动文化资源与科技进行深度融合，从而促进了文化产业技术进步。同时，人力资本水平的提高有助于文化产业实现资源配置效率的改善和文化产业经验管理水平的提高，从而促进了文化产业技术效率提高。因此，未来西部民族地区应当继续加大人才队伍建设力度，吸引高学历、高技能人才向西部民族地区聚集，提升地区人力资本水平，进而促进文化产业全要素生产率增长。

为了验证系统 GMM 估计法的估计结果的稳健性，本章还使用固定效应模型进行了稳健性检验，为了避免出现严重的内生性问题，在固定效应模型的解释变量中不再加入文化产业全要素生产率的滞后项，估计结果见表 3 - 5 第 3 列。根据固定效应模型的估计结果可以看出，各主要解释变量估计系数的显著性与系统 GMM 估计法的估计结果并未存在较大差异，各实证结论依然成立，即表明本章实证分析的结果是较为稳健的。

第四章　西部民族地区文化产业转型发展的机遇与可行性

　　党的十九大报告指出，新时代坚持和发展中国特色社会主义要坚持文化自信。"文化是一个国家、一个民族的灵魂。文化兴国运兴，文化强民族强。没有高度的文化自信，没有文化的繁荣兴盛，就没有中华民族伟大复兴。要坚持中国特色社会主义文化发展道路，激发全民族文化创新创造活力，建设社会主义文化强国。""文化自信是一个国家、一个民族发展中更基本、更深沉、更持久的力量。发展中国特色社会主义文化，就是以马克思主义为指导，坚守中华文化立场，立足当代中国现实，结合当今时代条件，发展面向现代化、面向世界、面向未来的，民族的科学的大众的社会主义文化，推动社会主义精神文明和物质文明协调发展。要坚持为人民服务、为社会主义服务，坚持百花齐放、百家争鸣，坚持创造性转化、创新性发展，不断铸就中华文化新辉煌。"党的十九大报告为我国民族地区文化产业创新发展指明了方向，为民族地区文化产业转型发展带来前所未有的新机遇。

第一节　文化产业发展的政策环境

一、文化发展政策不断优化

　　21 世纪以来，随着我国国力的不断增强，我国在不断提高人民群众物质生活水平的同时，越来越注重满足其不断提高的精神文化需求，与此同时，文化产业的发展更多地受到国家及地方政府的关注。2000 年 10 月，中共中央通过的《中共中央关于"十五"规划的建议》令人瞩目地提出，要"完善文化产业政策，加快文化市场建设和管理，推动有关文化产业发展"。2001 年 3 月，发展文化产业的建议被正式纳入"十五"规划纲要。2002 年 11 月，党的十六大报告明确提出："完善产业政策、支持文化产业发展、增强我国文化产业的整体实力和竞争力。"首次明确提出了发展文化产业的理念。2003 年，文化部出台了《关于支持和促进文化产业发展的若干意见》。2009 年，国务院出台的《文化产业振兴规划》明确表示重点扶持文化产业发展。2011 年 11 月 18 日，中共十七届六中全会通过了《中共中央关于深化文化体制改革　推动社会主义文化大发展大繁荣若干重大问题的决定》。这些政策的出台为各地文化产业的发展不仅提供了政策依据，而且提供了立法契机。党的十八大报告提出，扎实推进社会主义文化强国建设，要使文化产业成为国民经济支柱性产业，要发展新型文化业态，提高文化产业规模化、集约化、专业化水平。党的十九大报告明确指出，文化自信是一个国家、一个民族发展中更基本、更深沉、更持久的力量。满足人民过上美好生活的新期待，必须提供丰富的精神食粮。建设新时代中国特色社会主义，坚持社会主义文化自信，要深化文化体制改革，完善文化管理体制，加快构建把社会效益放在首位、社会效益和经济效益相统一的体制机制。完善公共文化服务体系，深入实施文化惠民工程，丰富群众性文化活动。加强文物保护利用和文化遗产保护传承。健全现代文化产业体系和市场体系，创新生产经营机制，完善文化经济政策，培育新型文化业态。广泛开展全民健身活动，加快推进体育强国建设，筹办好北京冬奥会、冬残奥会。加强中外人文交流，以我为主、兼收并蓄。推进国际传播能力建设，讲好中国故事，展现真实、立体、全面的中国，提高国家文化软实力。

自 2011 年 10 月党的十七届六中全会报告进一步提出建设社会主义文化强国的目标以来，我国的文化产业政策已经从高度集中管制的管理模式中脱胎出来，近年来大量的政策文件有效促进了社会主义文化大发展大繁荣、产业结构得到优化升级、现代文化市场主体构建加快、国际文化竞争力稳步提升、文化自信不断强化，为民族地区文化产业创新发展带来了前所未有的新机遇。

（一）文化立法取得重大突破，使文化产业创新发展有法可依

文化立法一直是我国文化产业发展的短板，党的十八大以来，经过多次修改与完善，文化立法取得了重大突破。2015 年，我国博物馆行业第一个全国性法规文件《博物馆条例》正式实施，用制度保障来推进博物馆事业规范化、专业化发展。2016 年 11 月，我国文化产业领域的第一部正式法律《中华人民共和国电影产业促进法》正式颁布，该法律的施行将推动电影行业从行政法规监管转向专门法律监管。我国文化领域的首部基本法《中华人民共和国公共文化服务保障法》于 2017 年 3 月 1 日起正式施行。为推进基本公共文化服务标准化均等化发展，保障人民群众基本文化权益提供了更加有力的法律依据和制度保障。可见，文化立法逐渐成为国家在文化建设中的重点之一，也将会是我国未来文化产业发展的关键方向。这些法律的出台不仅为我国文化产业创新发展提供了有力的法律保障，也为民族地区结合《中华人民共和国民族区域自治法》，制定出台适合本地区文化产业创新发展的文化产业领域的相关政策法规提供了新思路。

（二）文化政策从"小文化"向"大文化"转变，为文化产业成为国民经济支柱性产业提供新动能

随着"文化＋"的不断深入，产业间边界日趋模糊，文化产业正深入融合到国民经济的大循环中，成为新常态下促进经济转型升级的新动力。我国文化产业政策已经由追求文化产业的数量增长转变为提高文化产业发展的质量和效益，为推动文化产业成为国民经济支柱性产业提供新动能。文化产业融合发展的需求使得我国文化政策的部门联动趋势愈加明显，综合型政策在我国文化产业政策体系中的比重越来越大，文化政策逐步从"小文化"向"大文化"政策转变。据不完全统计，从2012～2017 年 78 项

重点文化政策制定主体来看，除了原文化部制定的 15 项政策之外，其他部门单独出台政策较少；由国务院及各部委联合发布的政策则达到 63 项，政策内容涉及文化消费、知识产权建设、数字创意产业、市场监管、对外文化贸易、文化法律法规等领域，呈现出较强的综合性特点与部门合作发展特点。文化发展多方出力、联动实施不仅能够提升文化产业政策的实施效率，也能够拓宽文化发展领域、提升文化政策制定的科学性。

（三）文化经济政策主体框架基本确立，为文化创新注入新活力

2011 年，党的十七届六中全会中首次提出"文化强国"，之后多年的发展探索使得我国文化产业政策已经摆脱以经济目标为主体的发展格局。我国社会主义建设进入新时代，意识形态领域斗争更加复杂，我国文化体制改革步入深水区。近年来，我国坚持以习近平总书记的重要精神为引领，以培育和践行社会主义核心价值观为目标，牢牢把握改革方向、明确改革框架，不断建立健全现代文化市场体系、加快构建现代公共文化服务体系、深化文化企业改制，深入制定《深化文化体制改革实施方案》，科学编制《国家"十三五"时期文化发展改革规划纲要》。截至 2019 年，党的十八届三中、四中、五中、六中全会确定的 104 项文化体制改革任务已完成 97 项。目前，综合性、专门性文件 30 多个，涉及文化体制改革综合配套政策及电影、出版、小微企业、对外文化贸易等方面，构建了有利于社会效益与经济效益相统一的文化经济政策框架。文化体制改革驶向纵深，文化经济政策主体框架基本确立，文化创新、创造活力进一步增强，文化产业与文化事业融合繁荣发展，使我国在意识形态领域的主导权和话语权不断增强，为中华优秀传统文化创造性转化、创新性发展注入新活力，推动我国向社会主义文化强国稳步迈进。

（四）创新成为文化产业政策新重点，引领产业发展新方向

习近平总书记指出："面对日益激烈的国际竞争，我们必须把创新摆在国家发展全局的核心位置，不断推进理论创新、制度创新、科技创新、文化创新等各方面创新。"在经济发展进入新常态、供给侧结构性改革深入推进的背景下，"文化＋科技"已经成为转型升级、绿色发展的新动力。从2012年6月颁布的《国家文化科技创新工程纲要》开始，深入实施文化科技创新工程效果显著。党的十八大以来，我国文化产业政策致力于布局新技术与新业态，以较强的现实回应力与战略引导力，布局引领新兴产业的发展方向。基于网络化、数字化的新兴业态蓬勃发展，以网络直播、网络游戏、网络电影与电视、网络出版等为代表的新业态正成为未来文化产业发展的核心增长极。2016年国务院印发的《"十三五"国家战略性新兴产业发展规划》中更是将数字创意产业上升到国家战略高度。

2012～2017年，我国文化产业相关政策汇总详见表4－1。

表4－1 　　　　　2012～2017年我国文化产业相关政策汇总

领域	日期 （年．月）	发布机构	政策文件	主要内容
文化科技	2012.6	国务院	《国际文化科技创新工程纲要》	要加强文化领域标准规范体系建设。研究制定文化资源统一标识、核心元数据、分类编码和目录体系、数据格式和数据交换等通用技术标准规范，促进文化资源整合和共享。研究制定文化艺术、广播影视、新闻出版、网络文化等重点文化行业技术和服务标准规范，引导和规范相关产业和行业健康发展
	2013.1	文化部	《全国文化信息资源共享工程"十二五"规划纲要》	要在巩固完善文化共享工程基础设施建设基础上，丰富数字资源，扩展服务网络，优化技术平台，创新机制，完善管理，加强服务，提升效益，将文化共享工程建成资源丰富、传播高效、服务便捷、管理科学的公共数字文化品牌工程
	2013.9	文化部	《文化部信息化发展纲要》	到2015年，95%以上的省级文化行政部门、80%以上的地市级文化行政部门和70%以上的县级文化行政部门设立或指定专门机构负责信息化工作，初步形成国家、省（自治区、直辖市）、地、县四级信息化工作管理与运行的畅通渠道；到2020年，文化信息化工作全面展开，科学规范的文化部信息化管理与运行体系基本建立，综合信息基础设施基本普及，信息技术应用能力显著提升，信息安全保障水平大幅度提高，行业信息化建设进入国内先进行列

领域	日期 （年．月）	发布机构	政策文件	主要内容
文化科技	2014.4	国家新闻出版广电总局、财政部	《关于推动新闻出版业数字化转型升级的指导意见》	通过三年时间，支持一批新闻出版企业、实施一批转型升级项目，带动和加快新闻出版业整体转型升级步伐；构建数字出版产业链，初步建立起一整套数字化内容生产、传播、服务的标准体系和规范；促进新闻出版业建立全新的服务模式，实现经营模式和服务方式的有效转变
	2015.1	国务院	《关于促进云计算创新发展培育信息产业新业态的意见》	到2020年，云计算应用基本普及，云计算服务能力达到国际先进水平，掌握云计算关键技术，形成若干具有较强国际竞争力的云计算骨干企业；云计算信息安全监管体系和法规体系健全；大数据挖掘分析能力显著提升；云计算成为我国信息化重要形态和建设网络强国的重要支撑
	2016.11	国务院	《"十三五"国家战略性新兴产业》	要把战略性新兴产业摆在经济社会发展更加突出的位置，以创新驱动、壮大规模、引领升级为核心，构建现代产业体系，培育发展新动能，推进改革攻坚，提升创新能力，深化国际合作，加快发展壮大新一代信息技术、高端装备、新材料、节能环保、数字创意等战略性新兴产业，促进更广领域新技术、新产品、新业态、新模式蓬勃发展，建设制造强国，发展现代服务业，推动产业迈向中高端，有力支撑全面建成小康社会
	2016.11	国家文物局、国家发展和改革委员会、科学技术部、工业和信息化部、财政部	《"互联网＋中华文明"三年行动计划》	推进文物信息资源开放共享，调动文物博物馆单位用活文物资源的积极性，激发企业创新主体活力。同时，要重点开展互联网＋文物教育、互联网＋文物文创产品等工作
	2016.12	科学技术部、文化部、国家文物局	《国家"十三五"文化遗产保护与公共文化服务科技创新规划》	要加强文化遗产保护与传承、提升公共文化服务能力，聚焦文化遗产的价值认同、保护修复、传承利用和公共文化服务的四个重点方向

续表

领域	日期 （年．月）	发布机构	政策文件	主要内容
文化 科技	2017.4	文化部	《关于推动数字文化产业创新发展的指导意见》	它是该领域首个宏观性、指导性政策文件，不仅首次明确了数字文化产业的概念，也向全社会发出了鼓励数字文化产业发展的明确信号，不论对业界还是各级地方文化行政部门，都极具价值
动漫/ 设计/ 网络/ 电影/ 出版/ 实体 书店	2012.6	文化部	《"十二五"时期国家动漫产业发展规划》	紧扣党的十七届六中全会以及《中共中央关于深化文化体制改革　推动社会主义文化大发展大繁荣若干重大问题的决定》《中华人民共和国国民经济和社会发展第十二个五年规划纲要》《国家"十二五"时期文化改革发展规划纲要》等文件精神，立足动漫产业发展实际并结合市场需求，确定了"十二五"时期我国动漫产业发展的基本思路和主要目标，从指导思想、发展思路、内容建设、产业结构、动漫企业与品牌培育等方面进行了阐述
	2012.9	工业和信息化部	《国家级工业设计中心认定管理办法》	共分为总则、基本条件、工作程序、管理、附则五章二十二条，自发布之日起实施。加快我国工业设计发展，推动生产性服务业与现代制造业融合，促进工业转型升级，鼓励企业工业设计中心和工业设计企业建设
	2014.3	文化部	《国务院关于推进文化创意和设计服务与相关产业融合发展的若干意见》	包括工业、服装等在内的专业设计，包括房屋、装潢和园林设计等在内的建筑设计，以及动漫、游戏等在内的文化软件和广告都属于文化创意和设计服务企业。为推动文化产业成为国民经济支柱性产业、实现由"中国制造"向"中国创造"转变，到2020年，文化创意和设计服务增加值占文化产业增加值比重明显提高，相关产业产品和服务的附加值明显提高
	2014.3	国家新闻出版广电总局	《关于进一步加强网络剧、微电影等网络视听节目管理的通知》	强化网络剧、微电影等网络视听节目播出机构准入管理、网络视听节目内容审核、网络视听节目监管，以及退出机制。对于从事网络剧、微电影等网络视听节目播出的互联网视听节目服务单位，应具有满足审核需求的经国家或省级网络视听节目行业协会培训合格的审核人员，具备健全的节目内容编审管理制度，并依法取得广播影视行政部门颁发的《信息网络传播视听节目许可证》，严格按照许可业务范围开展业务

续表

领域	日期（年．月）	发布机构	政策文件	主要内容
动漫/设计/网络/电影/出版/实体书店	2014.3	文化部、财政部	《藏羌彝文化产业走廊总体规划》	在藏羌彝地区重点发展文化旅游、演艺娱乐、工艺美术、文化创意产业等新兴业态领域。优化空间布局，加强文化产品的生产
	2014.6	财政部、国家发展和改革委员会、国土资源部、住房和城乡建设部、中国人民银行、国家税务总局、新闻出版广电总局	《关于支持电影发展若干经济政策的通知》	中央将安排近亿元专项资金来促进电影产业发展，资金支持 5 部左右重点影片，同时将对电影产业税收优惠，符合要求的企业免征增值税。此外，国家有关方面将在差别化用地政策、财税和金融等方面给予电影产业政策支持
	2014.8	文化部、财政部	《关于推动特色文化产业发展的指导意见》	确定了发展重点领域、发展区域特色文化产业带、建设特色文化产业示范区、打造特色文化城镇和乡村等主要任务。提出到 2020 年，实现基本建立特色鲜明、重点突出、布局合理、链条完整、效益显著的特色文化产业发展格局，形成若干在全国有重要影响力的特色文化产业带等一系列目标
	2015.3	国家新闻出版广电总局、财政部	《关于推动传统出版和新兴出版融合发展的指导意见》	包括总体要求、重点任务、政策措施、组织实施四部分，共计十六条内容。该指导意见的出台，为推动传统出版影响力向网络空间延伸、实现传统出版和新兴出版融合发展指明了方向、提出了任务、阐明了路径、提供了遵循
	2015.9	国务院	《三网融合推广方案》	提出六项工作目标，确立了四项保障措施，加快在全国全面推进三网融合，推动信息网络基础设施互联互通和资源共享

续表

领域	日期 （年.月）	发布机构	政策文件	主要内容
动漫/ 设计/ 网络/ 电影/ 出版/ 实体 书店	2016.6	中宣部、国家新闻出版广电总局、国家发展和改革委员会、教育部、财政部、住房和城乡建设部、商务部、文化部、人民银行、税务总局、工商总局等	《关于支持实体书店发展的指导意见》	到2020年，要基本建立以大城市为中心、中小城市相配套、乡镇网点为延伸、贯通城乡的实体书店建设体系，形成大型书城、连锁书店、中小特色书店及社区便民书店、农村书店、校园书店等合理布局、协调发展的良性格局
	2016.9	文化部	《文化部关于推动文化娱乐行业转型升级的意见》	针对影响和制约行业发展的主要问题，对行业转型升级的具体内容作出引导。提出，要通过行业转型升级来提升歌舞娱乐和游戏游艺场所经营管理水平，使之成为场所阳光、内容健康、服务规范、业态丰富、受众多样、形象正面，适合不同消费群体，在公众文化生活中起积极作用的现代文化消费场所
	2017.9	国家新闻出版广电总局、国家发展和改革委员会、财政部、商务部、人力资源和社会保障部	《关于支持电视剧繁荣发展若干政策的通知》	共分为十四条，包括：加强电视剧创作规划；加强电视剧剧本扶持；建立和完善科学合理的电视剧投入、分配机制；完善电视剧播出结构；规范电视剧收视调查和管理；统筹电视剧、网络剧管理；支持优秀电视剧"走出去"；加强电视剧人才培养；保障电视剧从业人员社会保障权益；明确新的文艺群体职称评审渠道；加强电视剧宣传评介等方面
文物 保护/ 传统 文化	2012.2	文化部	《文化部关于加强非物质文化遗产生产性保护的指导意见》	分为充分认识开展非物质文化遗产生产性保护的重要意义、正确把握非物质文化遗产生产性保护的方针和原则、科学推进非物质文化遗产生产性保护工作深入开展、建立完善非物质文化遗产生产性保护的工作机制四部分

领域	日期 （年．月）	发布机构	政策文件	主要内容
文物 保护/ 传统 文化	2015.12	全国人民代表大会常务委员会	《中华人民共和国文物保护法修订草案（送审稿）》	规定不再限制外资拍卖行在中国拍卖文物，放宽了文物的流通与利用，一般不可移动文物的"拆除权"由省（自治区、直辖市）"下放"到县。对于没有评级的不可移动的文物，在建设工程选址的时候，可能不需要避开了
	2016.3	国务院	《关于进一步加强文物工作的指导意见》	健全国家文物登录制度，建立国家文物资源总目录和数据资源库，制定鼓励社会参与文物保护的政策措施，同时拓宽了社会资金投入渠道，开展政府和社会资本合作开发模式
	2016.5	文化部、国家发展和改革委员会、财政部、国家文物局	《关于推动文化文物单位文化创意产品开发的若干意见》	要深入发掘文化文物单位馆藏文化资源，推动文化创意产品开发。推动文化创意产品开发，要始终把社会效益放在首位，在履行好公益服务职能、保护好国家文物、做强主业的前提下，调动文化文物单位积极性，鼓励和引导社会力量参与，加强文化资源梳理与共享，提升文化创意开发水平
	2016.7	国家文物局	《关于加强革命文物工作的通知》	要求各地文物部门要依托第三次全国文物普查和第一次全国可移动文物普查成果，梳理形成革命文物资源目录和专题数据库，做好馆藏革命文物的清理、定级、建账和建档工作
	2017.1	中共中央办公厅、国务院办公厅	《关于实施中华优秀文化传承工程的意见》	充分调动全社会积极性和创造性。坚持全党动手、全社会参与，把中华优秀传统文化传承发展的各项任务落实到农村、企业、社区、机关、学校等城乡基层
	2017.1	国家文物局	《古建筑开放导则》	综合考虑古建筑的文物价值、重要性、敏感度、社会影响力、原动能、游客承载量、空间潜力、区位交通条件等，科学确定延续原功能、部分保留原功能、赋予新功能

续表

领域	日期 (年.月)	发布机构	政策文件	主要内容
文物 保护/ 传统 文化	2017.1	工业和信息化部	《关于促进文房四宝产业发展的指导意见》	大力弘扬中华民族优秀传统文化,竭力传承文房四宝制作技艺,积极引导行业调整结构转型升级,不断满足大众消费的新需求,全面实现文房四宝产业的可持续健康发展
	2017.2	商务部、国家发展和改革委员会、文化部等16部门	《关于促进老字号改革创新发展的指导意见》	深入推进供给侧结构性改革,以促进老字号改革创新发展为核心,以保护传承老字号为根本,进一步优化老字号发展环境,充分发挥老字号榜样和示范带动作用
	2017.3	文化部、工业和信息化部、财政部	《中国传统工艺振兴计划》	传统工艺是具有历史传承和民族或地域特色、与日常生活联系紧密、主要使用手工劳动的制作工艺及相关产品,是我国非物质文化遗产的重要组成部分,要遵循"尊重优秀传统文化、坚守工匠精神、激发创造活力、促进就业增收、坚持绿色发展"的原则,学习借鉴人类文明优秀成果,培育中国工匠和知名品牌
公共 文化	2015.1	国务院	《关于加快构建现代公共文化服务体系的意见》	各地可以根据群众实际需求、政府财政能力和文化特色,制定适合本地区特色的实施标准,建立国家指导标准和地方实施标准相衔接的标准体系
	2015.5	国务院	《关于在公共服务领域推广政府和社会资本合作模式的指导意见》	在文化等公共服务领域,鼓励采用政府和社会资本和合作模式,吸引社会资本参与公共文化服务领域的建设
	2015.6	国务院	《关于深入推进农村社区建设试点工作的指导意见》	在"强化农村社区文化认同"中提出,要以培育和践行社会主义核心价值观为根本,发展各具特色的农村社区文化
	2015.8	文化部、国家体育总局、民政部	《关于引导广场舞活动健康开展的通知》	培育一批扎根基层、综合素质较高、专兼职结合的广场舞工作队伍;推出一批具有文化内涵、审美品位和健身功能,便于群众接受的广场舞作品;培育一批具有导向性、示范性的广场舞品牌活动;实现城乡基层广场舞活动健康、文明、有序开展

领域	日期（年.月）	发布机构	政策文件	主要内容
公共文化	2015.10	国务院	《关于推进基层综合性文化服务中心建设的指导意见》	建设的重点任务是以基层综合性文化中心为终端平台，整合各级各类面向基层的公共文化资源，实现人财物统筹使用，促进优化配置、高效利用，形成合力
	2015.12	国务院	《中华人民共和国公共图书馆法（征求意见稿)》	这是我国第一部图书馆专门法，规定公共图书馆的设立、运行、服务以及法律责任等，鼓励公民、法人、其他组织等各力量积极参与，规定基本服务免费
	2016.2	文化部	《关于进一步做好为农民工文化服务工作的条例》	要增大公共文化设施向农民工免费开放的力度，增强基层综合性文化服务中心为农民工服务的功能，同时支持经营性文化设施、传统民俗文化活动场所等为农民工提供优惠或免费党的文化服务
	2016.7	文化部	《文化志愿服务管理办法》	明确了文化志愿服务的范围，包括在公共图书馆、文化馆、博物馆、美术馆等公共文化设施和场所开展公益性文化服务等六种类型；提出建立文化志愿服务激励回馈制度和文化志愿服务嘉许制度
	2016.10	中宣部、中央文明办、教育部、民政部、文化部、国家文物局和中国科学技术协会	《关于公共文化设施开展学雷锋志愿服务的实施意见》	到2020年，基本建成公共文化设施志愿服务组织体系、项目体系、管理制度体系；建立志愿者嘉许制度，褒扬和嘉奖本单位招募的优秀志愿者，积极探索优秀志愿者激励回馈制度
	2016.12	国家新闻出版广电总局	《全民阅读"十三五"时期发展规划》	这是我国制定的首个国家级全面阅读规划，旨在推动全民阅读工作常态化、规范化，共同建设书香社会；提出举办重大全民阅读活动，大力促进少年儿童阅读，保障困难群体、特殊群体的基本阅读需求等十项主要任务

续表

领域	日期 （年.月）	发布机构	政策文件	主要内容
公共 文化	2017.5	文化部	《"十三五"时期繁荣群众文艺发展规划》	明确强调，繁荣群众文艺创作要以社会主义核心价值观为引领，创作生产人民群众喜闻乐见的优秀作品，组织提供人民群众乐于便于参与的文化服务和活动。弘扬主旋律，传递正能量，巩固社会主义群众文艺阵地，推动人民群众精神文化生活不断迈上新台阶
	2017.5	文化部	《"十三五"时期文化扶贫工作实施方案》	按照党中央、国务院决策部署，坚持精准扶贫、精准脱贫基本方略，发挥文化在脱贫攻坚工作中"扶志""扶智"作用，推动贫困地区文化建设快速发展，全面提升贫困地区文化建设水平，确保贫困地区与全国同步进入全面小康社会
	2017.7	文化部	《文化部"十三五"时期公共数字文化建设规划》	到2020年，基本建成与现代公共文化服务体系相适应的开放兼容、内容丰富、传输快捷、运行高效的公共数字文化服务体系。明确了"十三五"时期公共数字文化建设的重点任务，包括构建互联互通的公共数字文化服务网络；打造公共数字文化资源库群，加强资源保障；创新服务方式，提升服务效能；统筹推进重点公共数字文化工程建设；鼓励和支持社会力量参与公共数字文化建设；加强公共数字文化建设管理
	2017.7	文化部	《"十三五"时期全国公共图书馆事业发展规划》	提出完善公共图书馆设施服务网络、加强文献信息资源保障能力建设、提高服务效能，推进公共图书馆服务均等化建设、加强新技术应用，提升数字化服务能力等八大任务，并列举了公共图书馆设施网络建设、文献信息资源保障能力建设等八个专栏和流动图书车配备项目、城市24小时阅读服务空间等十九个项目
文化企业/文化贸易/文化消费	2014.4	国务院	《文化体制改革中经营性文化事业单位转制为企业的规定》 《进一步支持文化企业发展的规定》	主要涉及财政税收、投资融资、资产管理、土地处置、收入分配、社会保障、人员安置、工商管理等方面支持政策

领域	日期 （年.月）	发布机构	政策文件	主要内容
文化企业/ 文化贸易/ 文化消费	2014.7	文化部、工业和信息化部、财政部	《关于大力支持小微文化企业发展的实施意见》	高度重视小微文化企业发展、增强创新发展能力、打造良好发展环境、健全金融服务体系、完善财税支持政策、提高公共服务水平
	2015.5	文化部	《2015 年扶持成长型小微文化企业工作方案》	提出了以推动政策落实和提升政府支持工作能力水平为重点，进一步完善支持小微文化企业发展的政策措施；以提升经营管理能力及品牌塑造营销水平为重点，进一步支持文化领域创新创业和小微文化企业发展；以建设完善公共服务平台为重点，进一步优化小微文化企业创业发展环境；以鼓励金融创新、拓宽融资渠道为重点，进一步缓解小微文化企业融资难问题等六项主要任务
	2015.9	国务院	《关于推动国有文化企业把社会效益放在首位实现社会效益和经济效益相统一的指导意见》	要进一步增强责任感、紧迫感和使命感，深化改革、创新发展，确保国有文化企业始终坚持正确文化立场，推出更多思想性、艺术性、观赏性俱佳的文化产品，提供更多有意义、有品位、有市场的文化服务，切实发挥文化引领风尚、教育人民、服务社会、推动发展的作用
	2016.5	中国资产评估协会	《文化企业无形资产评估指导意见》	以适应市场发展需求、服务文化企业改革为目的：一是明确评估文怀企业无形资产；二是突出文化企业的特点；三是注重对评估实践的指导，突出可操作性；四是注重《指导意见》与已颁布的"1 + 3"无形资产评估准则以及最新发布的《知识产权资产评估指南》的契合
	2016.5	文化部	《引导城乡居民扩大文化消费试点工作实施方案》	要按照"中央引导、地方为主、社会参与、互利共赢"的原则，确定一批试点城市，充分发挥典型示范和辐射作用，以点带面，形成若干行之有效、可持续和可复制推广的促进文化消费模式，推动我国文化消费总体规模持续增长，带动旅游、住宿、餐饮、交通、电子商务等相关领域消费，不断增强文化消费拉动经济增长的积极作用

领域	日期 (年.月)	发布机构	政策文件	主要内容
文化企业/文化贸易/文化消费	2016.10	国务院	《关于激发重点群体活力带动城乡居民增收的实施意见》	将实施技能人才激励计划、新型职业农民激励计划、科研人员激励计划、小微创业者激励计划、企业经营管理人员激励计划、基层干部队伍激励计划、有劳动能力的困难群体激励计划七大计划
	2017.8	国务院	《国务院关于进一步扩大和升级信息消费持续释放内需潜力的指导意见》	提出发展交互式网络电视（IPTV）、手机电视、有线电视网宽带服务等融合性业务。加快第五代移动通信（5G）标准研究、技术试验和产业推进，力争2020年启动商用。加快推进物联网基础设施部署，推广数字家庭产品，拓展电子产品应用。支持利用物联网、大数据、云计算、人工智能等技术推动各类应用电子产品智能化升级，在交通、能源、市政、环保等领域开展新型应用示范等许多重要内容
对外交流	2014.3	国务院	《关于加快发展对外文化贸易的意见》	明确了支持的重点：鼓励和支持国有、民营、外资等享有同等待遇、鼓励和引导文化企业加大内容创新力度、支持文化企业拓展文化出口平台和渠道、支持文化科技融合发展等
	2015.3	国家发展和改革委员会、外交部、商务部	《推动共建丝绸之路经济带和21世纪海上丝绸之路的愿景与行动》	提出在"一带一路"的建设过程中，沿线各国要以政策沟通、设施联通、贸易通畅、资金融通、民心相通为主要内容
	2016.1	国务院	《关于支持沿边重点地区开发开放若干政策措施的意见》	要求提升基本公共文化服务水平，加强沿边重点地区基层公共文化设施建设，着力增强弘扬社会主义核心价值观的优秀文化产品供给。推进沿边重点地区金融、教育、文化、医疗等服务业领域有序开放，逐步实现高水平对内对外开放
	2016.12	文化部	《文化部"一带一路"文化发展行动计划》	将健全"一带一路"文化交流合作机制、完善"一带一路"文化交流合作平台、打造"一带一路"文化交流品牌、推动"一带一路"文化产业繁荣发展、促进"一带一路"文化贸易合作列为重点发展计划，并提出相应的保障措施推动发展

领域	日期（年.月）	发布机构	政策文件	主要内容
文化金融	2012.5	国务院	《国务院关于鼓励和引导民间投资健康发展的若干意见》	一是要优化民营企业组织结构。引导和鼓励民营企业利用产权市场组合民间资本，开展跨地区、跨行业兼并重组等。二是要推动民营企业技术创新和应用。鼓励民营企业增加研发投入，提高自主创新能力，掌握核心技术。三是要强化民营企业产品结构调整。鼓励民营企业加大新产品开发力度，实现产品更新换代。四是要鼓励和引导民营企业发展战略性新兴产业
	2012.6	文化部	《关于鼓励和引导民间资本进入文化领域的实施意见》	鼓励引导民间资本参与国有文艺院团转企改制、公共文化服务体系建设，投资文化产业发展，进入文化产业的多个领域，充分发挥市场在文化资源配置中的积极作用，拓宽文化资金来源渠道
	2014.3	文化部、中国人民银行、财政部	《关于金融支持文化产业振兴和发展繁荣的指导意见》	强调文化产业是国民经济的重要组成部分，在保增长、扩内需、调结构、促发展中发挥着重要作用。加强金融业支持文化产业的力度，推动文化产业与金融业的对接，是培育新的经济增长点的需要，是促进文化大发展大繁荣的需要，是提高国家文化软实力和维护国家文化安全的需要
	2014.3	文化部、中国人民银行、财政部	《关于深入推进文化金融合作的意见》	吸纳了近年来文化金融合作的经验与成果，结合当前金融改革和文化产业发展的新趋势，突出改革创新精神，发挥市场配置资源的决定性作用，从认识推进文化金融合作重要意义、创新文化金融体制机制、创新文化金融产品及服务、加强组织实施与配套保障四个方面提出了深入推进文化金融合作的要求，共15条具体内容
	2015.4	国家知识产权局	《关于进一步推动知识产权金融服务工作的意见》	力争到2020年，全国专利权质押融资金额超过1000亿元，专利保险社会认可度和满意度显著提高，业务开展范围至少覆盖50个中心城市和园区，全国东部地区和中西部地区中心城市的知识产权金融服务实现普遍化、常态化和规模化开展

续表

领域	日期 （年.月）	发布机构	政策文件	主要内容
文化 金融	2017.2	财政部	《中西部地区外商投资优势产业目录》（2017年修订）	本次目录修订是贯彻落实党中央、国务院构建开放型经济新体制战略部署，引导外资更多投向中西部地区的重要举措。本次目录修订按照适应外资产业转移新趋势、充分发挥地方比较优势、优化利用外资结构、与招商引资实际相结合的原则，总条目共639条，比原目录增加139条
文化 旅游	2014.8	国务院	《关于促进旅游业改革发展的若干意见》	该意见分树立科学旅游观、增强旅游发展动力、拓展旅游发展空间、优化旅游发展环境、完善旅游发展政策5部分20条。这是继《国务院关于加快发展旅游业的意见》《全国红色旅游发展规划纲要》《国民旅游休闲纲要》和《旅游法》颁布实施以来，党中央、国务院对旅游业改革发展做出的又一重大部署
	2016.1	国家旅游局	《国家人文旅游示范标准》	发布四类"旅游示范基地标准"，即四个标准，推动绿色、蓝色、人文、康养等旅游示范基地建设。对四大旅游示范基地建设环境、旅游经济水平、产业联动与融合、旅游服务管理等条件提出了明确要求
	2016.7	住房和城乡建设部、国家发展和改革委员会、财政部	《关于开展特色小镇培育工作的通知》	明确提出到2020年，我国将培育1000个左右各具特色、富有活力的休闲旅游、商贸物流、现代制造、教育科技、传统文化、美丽宜居等特色小镇。明确提出五点培育要求，三个坚持
	2016.12	国务院	《"十三五"旅游业发展规划》	规划指出支持互联网旅游企业整合上下游及平行企业资源、要素和技术，推动"互联网＋旅游"融合，培育新型互联网旅游龙头企业。支持中小微旅游企业特色化、专业化发展。加快推进中小旅游企业服务体系建设，打造中小微旅游企业创新创业公共平台，发挥其对自主创新创业的孵化作用

领域	日期 （年．月）	发布机构	政策文件	主要内容
文化 旅游	2017.6	国家旅游局	《全域旅游工作示范区创建工作》	从"是什么""为什么""什么样""怎么干"四个方面面对中国全域旅游的工作提出了要求。分6章，依次为总则、创建原则、创建目标、创建任务、评估管理和附则，共30条
文化 改革/ 发展 规划	2014.2	中央全面深化改革领导小组	《深化文化体制改革实施方案》	根据2014年的工作要点，将启动80多项改革任务，大体有3方面：一是积极推进改革任务；二是稳妥推进试点任务；三是研究制定的政策文件
	2014.4	文化部	《2014年文化系统体制改革工作要点》	共分9大部分，内容涵盖深入推进国有文艺院团体制改革、加快转变文化行政部门职能、统筹构建现代公共文化服务体系、推进文化企事业单位改革、建立健全现代文化市场体系、推动文化产业转型升级、建设优秀传统文化传承体系、不断提高文化开放水平、加大改革工作的组织保障力度等
	2017.3	中共中央办公厅	《中国文联深化改革方案》	强调文联是党领导的文艺界人民团体，是党和政府联系文艺工作者的桥梁纽带，是繁荣发展社会主义文艺事业的重要力量。面对新形势新任务，文联组织必须直面问题、自我革新、顺势而为、勇于担当，通过全面深化改革，加快转型，创新发展
	2017.5	国务院	《国家"十三五"时期文化发展改革规划纲要》	将新理念贯穿于文化发展改革的全过程，对文化体制改革、文化事业文化产业持续健康发展、文艺创作、中华优秀传统文化弘扬、人民群众精神文化生活、文化"走出去"等方面做了进一步明确规划
文化 立法	2015.2	国务院	《博物馆条例》	强调了博物馆的教育、研究和欣赏的功能，把教育放在首位；提出建立博物馆理事会制度，鼓励社会机构参与建设、管理、监督

续表

领域	日期 （年.月）	发布机构	政策文件	主要内容
文化 立法	2015.9	全国人民代表大会常务委员会	《中华人民共和国电影产业促进法》	这是文化产业领域的第一部法律。立足于电影产业发展的现实需要和未来趋势，用法律的形式固化和升华了多年来电影产业改革发展的政策措施和成功经验，用法治的手段解决电影产业发展中遇到的各种问题，完善了电影内容的审查管理
	2016.12	全国人民代表大会常务委员会	《中华人民共和国公共文化服务保障法》	在广泛讨论、凝聚共识的基础上，对公共文化服务的概念和范围作出明确界定。明确了公共文化服务体系建设的若干重要制度。规定了政府在公共文化服务体系建设中的重要责任。同时也规定了公共文化设施建设与管理的有关法律程序和提供公共文化服务的主要内容、形式和管理责任等
	2017.6	全国人民代表大会常务委员会	《中华人民共和国网络安全法》	将近年来一些成熟的好做法制度化，并为将来可能的制度创新做了原则性规定，为网络安全工作提供切实法律保障。提高了我国网络安全政策的透明度，进一步明确了政府各部门的职责权限，完善了网络安全监管体制
知识 产权	2014.9	国家版权局	《使用文字作品支付报酬办法》	共17条，分别从版税、基本稿酬加印刷数稿酬、一次性付酬等支付方式规范使用文字作品支付报酬的标准和计算方法。规定，在数字或者网络环境下使用文字作品，除合同另有约定外，使用者可以参照办法规定的付酬标准和付酬方式
	2014.11	国家知识产权局	《关于知识产权支持小微企业发展的若干意见》	提出支持小微企业创新成果在国内外及时获取、完善小微企业专利资助政策、扶持知识产权服务业小微企业等15条措施
	2014.12	国务院	《深入实施国家知识产权战略行动计划（2014－2020年)》	明确提出了"努力建设知识产权强国"的新目标。突出问题导向，抓住知识产权运用和保护两大关键进行重点部署，集中资源和精力着力解决新阶段战略实施面临的一些关键问题，解决在战略实施第一阶段发现的制约知识产权事业发展的瓶颈问题，力求重点突破

领域	日期 （年．月）	发布机构	政策文件	主要内容
知识产权	2016.1	国家知识产权办公室	《加快推进知识产权强省建设工作方案（试行)》	到2030年，基本形成布局合理、科学发展、支撑有力的知识产权强省建设战略布局，加快推进知识产权强国建设进程
	2016.6	国务院	《关于深入实施国家知识产权战略加快建设知识产权强国推进计划》	从严格保护知识产权、加强知识产权创造运用、深化知识产权领域改革、加大知识产权对外合作交流、夯实知识产权发展基础、加强组织实施和保障六大方面提出了具体的分工任务
	2016.6	国家新闻出版广电总局	《关于大力推动广播电视节目自主创新工作的通知》	强调各电视上星综合频道播出引进境外版权模式节目，均需提前两个月备案，未完整履行备案程序的引进境外版权模式节目不得播出。此外，各卫视每年在19：30～22：30开播的引进境外版模式节目，不得超过2档

资料来源：笔者整理。

二、针对民族地区文化发展政策不断完善

国家对民族地区经济社会发展一直高度关注和重视、扶持。从文化产业发展角度看，除了面向全国的文化发展政策法规外，国家还颁布了一系列支持边疆民族地区民族文化发展的相关政策法规。

2009年，国务院出台《关于进一步繁荣发展少数民族文化事业的若干意见》（以下简称《意见》），就少数民族文化发展作出全面部署。《意见》明确少数民族文化事业的重要意义、指导思想、基本原则和目标任务。《意见》明确提出，要充分发挥少数民族文化资源优势，鼓励少数民族文化产业多样化发展，促进文化产业与教育、科技、信息、体育、旅游、休闲等领域联动发展，确定重点发展的文化产业门类，推出一批具有战略性、引导性和带动性的重大文化产业项目，建设一批少数民族

文化产业园区和基地，在重点领域取得跨越式发展。《意见》还确定了少数民族文化发展目标："少数民族优秀传统文化得到有效保护、传承和弘扬，文化市场体系更加健全，少数民族文化产业格局更加合理。"2009年9月，我国历史上第一部《文化产业振兴规划》出台，在部署国家文化产业振兴的同时，提出"发展具有地域和民族特色的文化产业群"。

21世纪以来，国家"西部大开发"战略的提出和实施，为西部民族地区加快发展提供了有力支持和强大动力。2011年，党的十七届六中全会通过的《中共中央关于深化文化体制改革 推动社会主义文化大发展大繁荣若干重大问题的决定》，就文化发展作出全面部署，提出"加快发展文化产业，推动文化产业成为国民经济支柱性产业""发展特色文化产业"和"建设优秀传统文化传承体系""繁荣发展少数民族文化事业，开展少数民族特色文化保护工作"。2012年《国家"十二五"时期文化改革发展规划纲要》明确，要"加快发展文化产业""优化文化产业布局，发挥东中西部地区各自优势""拓展文化遗产传承利用途径，正确处理保护与利用、传承与发展的关系，促进文化资源在与产业和市场的结合中实现传承和可持续发展""加大西部地区和少数民族非物质文化遗产保护力度"。2012年出台的《少数民族事业"十二五"规划》提出，"着力发展少数民族文化事业和文化产业，不断满足各族群众精神文化需求""充分发挥少数民族文化资源优势，加快少数民族文化产业发展，增强少数民族文化影响力。"

党的十八大建设社会主义文化强国的宏伟目标提出：建设优秀传统文化传承体系；繁荣发展少数民族文化事业；增强文化整体实力和竞争力。此外，为了扶持边疆民族地区经济社会发展，国家先后专门针对各个边疆民族省区出台了促进当地经济社会发展的若干意见，均有对民族文化保护和民族文化产业发展的相关支持政策和措施。2014年，国家出台了多部促进文化产业发展的纲领性文件，其中最为重要的有两个：一个是《国务院关于推进文化创意和设计服务与相关产业融合发展的若干意见》，提出"文化传承、科技支撑"的目标。要求各地"依托丰厚文化资源，丰富创意和设计内涵，拓展物质和非物质文化遗产传承利用途径，促进文化遗产资源在与产业和市场的结合中实现传承和可持续发展。"为边疆民族地区文化产业发展开拓了更广的天地和空间。另一个是原文化部、财政部《关于推动特色文化产业发展的指导意见》，为民族地区文化发展提出了主要目标："到 2020 年，基本建立特色鲜明、重点突出、布局合理、链条完整、效益显著的特色文化产业发展格局。"其中指导发展的重点领域是鼓励各地发展工艺品、演艺娱乐、文化旅游、特色节庆、特色展览等特色文化产业。在这些领域民族地区具有得天独厚的优势，也有了一定的发展基础，在其扶持推动下，边疆民族地区民族特色文化的产业化进程会进展更快。

三、各具特色的民族地区文化发展政策不断出台

在国家文化政策大环境下，相关省区积极发挥区域优势，结合区域文化资源，推出了一系列地方性民族文化产业发展政策，也制定了相关的文化和文化产业发展规划。云南省委、省政府早在 2000 年就明确提出："以民族文化产业兴盛民族文化大省，把文化资源开发和文化产业发展作为云南民族文化大省建设的重要支柱。"2003 年，内蒙古出台《内蒙古自治区民族文化大区建设纲要》，配套政策《内蒙古自治区人民政府关于支持文化事业和文化产业发展若干政策的通知》也随之印发，支持民族文化产业发展。2010 年，西藏首次出台《关于推动文化大发展大繁荣的决定》，从大文化范畴着眼，提出大力实施文化兴区、文化强区、文化富区、文化稳区战略，走有中国特色、西藏特点的文化发展路子；同年，首次西藏文化发展大会召开，大会明确提出，到 2015 年文化产业在西藏生产总值中的比重要力争达到 3% 以上；到 2020 年，文化产业成为西藏支柱产业，为推进西藏跨越式发展和长治久安提供强大动力和文化支撑。2011 年，《西藏自治区 2011～2020 文化产业发展规划纲要》出台，明确提出把"特色文化经济实验区"作为西藏的建设目标，重点发

展文化旅游、民族手工艺、演艺娱乐、高原极限运动等西藏特色文化产业。《广西壮族自治区文化发展"十二五"发展规划》提出：力争 2015年，文化产业实现跨越式发展，逐步成为促进经济发展方式加快转变、优化经济结构、扩大就业创业的国民经济支柱性产业，经过 10 年左右的努力，将广西建成具有时代特征、壮乡风格、和谐兼容的民族文化强区。《新疆维吾尔自治区文化事业"十二五"发展规划》提出：到"十二五"末，文化产业发展形成规模，文化产业增长速度明显高于经济增长速度，涌现出一批知名品牌和骨干文化企业，文化产业成为新疆新的经济增长点。

同时，西部地区还根据国家现有保护文化产业方面的法律、法规制定了一些符合本地区文化产业发展的地方性法规、自治条例和单行条例。例如，云南的《云南省专利保护条例》《云南省出版管理条例》《云南省文化市场管理条例》《云南省广播电视管理条例》《云南省民族民间传统文化保护条例》等；贵州的《贵州省专利保护条例》《贵州省广播电视管理条例》《贵州省非物质文化遗产保护条例》《黔东南苗族、侗族自治州镇远历史文化名城保护条例》等；广西的《广西壮族自治区文化产业市场管理条例》《广西壮族自治区广播电视管理条例》《广西壮族自治区著作权管理条例》等。这些地区初步形成了以政策、法律、法规、自治条例、单行条例等政策和规范为主要内容的文化产业发展法律保护体系。

这些政策全方位、多角度共同支持文化产业各行业的振兴和发展，直接推动了文化部门体制改革及文化产业蓬勃发展，为边疆民族地区文化产业的发展提供了良好的平台和广阔的发展空间。

第二节　"互联网＋"为西部民族地区文化产业创新发展带来新机遇、提供新动能

随着信息技术的高速发展，互联网已渗入文化产业的各个领域，如

我们所熟悉的网络文学、游戏、微电影等，而"互联网＋"时代的到来，更是为文化产业的创新发展提供了无限的想象空间和更为广阔的孵化平台。当今社会，"互联网＋文化产业"已成为一种不可避免的趋势，并成为打通传统文化产业发展梗阻的利器，正在推动整个文化产业链的变革。随着互联网、大数据、云计算等以及与之相关的信息技术在西部地区文化产业的运用及与西部地区文化产业相融合，必将成为西部地区文化产业发展的新引擎，为西部民族地区文化产业创新发展提供新动能。

一、"互联网＋"推动文化产业跨界融合

"互联网＋"是利用信息技术及互联网平台，使互联网与传统行业深度融合，从而创造新的发展业态。"互联网＋文化产业"则主要是指运用移动互联网、云计算、大数据、物联网等现代信息技术，推动文化产业技术进步、效率提升、模式变革和转型升级，提升文化产业创新力和发展力，形成更广泛的以互联网为基础设施和创新要素的文化产业发展新形态。

互联网作为一个巨大的内容存储与分享平台，具有强大的包容性。通过互联网这个平台，可以把不同产业、不同环节之间对接起来，从而能够实现不同产业与互联网的融合发展。如在文化发展各领域，可以互联网平台为基础，进行电影、音乐、动漫等多领域、多平台的商业拓展，实现互联网＋电影、互联网＋音乐产业、互联网＋动漫产业等不同行业的融合与发展，进而创造出新的文化产业发展模式。如阿里巴巴收购文化中国后成立了阿里巴巴影业，就是互联网产业与电影产业融合发展的典型案例。从产业链上下游来看，可通过互联网平台，实现资金投融资、内容制作、宣传推广、发行销售以及衍生品开发等环节的一体化发展。因此，在互联网平台的推动下，文化产业突破了文化艺术界限，通过网络与出版、娱乐、媒体和传统文化艺术相融合，把传统内容、媒体、信息等进行跨界重组，形成并发展出数字影视、数字报物、数字游戏等数

字内容文化产业，为西部民族地区文化产业创新发展创造了新机遇。与此同时，随着这些产业的出现与发展，催生了新的市场主体，如平台型文化企业和平台型文化集群不断涌现，为西部民族地区传统文化企业转型发展、培育新型特色民族文化企业提供了新思路。由于互联网的开放性和共享性，人人都可以通过互网络这个平台，展示自己创作的文化产品，通过自媒体的形式发布新闻、评论等，互联网时代的新闻、媒体、影视娱乐等文化产品更多地以"免费""开放"的形式出现，通过广泛吸附客户形成"注意力经济"，颠覆了传统商品交易模式。可见，互联网颠覆了经济，也颠覆了文化产业，通过整合文化资本、文化人才、文化创意、文化信息等要素，形成了包容性极强的、新的文化生态产业生态链。

"互联网＋"时代，文化产品的跨界融合现象更加明显，连接速度加快，实现了影视、动漫、网络游戏、音乐等协同、高效发展。创意是文化产业一切价值创造的源点，是文化产业创新的源泉。缺乏好的创意是西部民族地区文化产业发展滞后、特色优质文化产品短缺的主要制约因素。西部民族地区文化产业创新型发展人才严重短缺导致创意不足。而通过互联网这个平台，可以吸引各行各业的企业人才及个人参与到文化产品的开发、文化产业的管理中来，驱动互联网企业、内容生产商和内容聚合平台等不断进化，推动"创客""威客"的兴起，并使西部民族地区文化产业成为分享经济的重要组成部分。同时，互联网为广大创意群体搭建了展示和交流的平台，打造出群体创意分享与协同创新的全新模式，在提高网络用户参与积极性的同时，起到了引领文化、传播民族文化的作用。具体体现在两个方面：一是"互联网＋"对文化产业创新发展的影响——实现传统文化产业的颠覆式创新、信息共享与数字化创意，以及加快文化产业信息传播速度并扩大信息共享范围、通过科技创新促进文化产业价值链提升等；二是"互联网＋"时代文化产业各子行业的创新发展——出版发行行业的数字化及智能化、以"互联网思维"推动媒体融合发展、互联网思维与影视内容生产模式创新、网络文化服务业发展、移动互联时代手机动漫游戏传播模式、互联网与文化生产变革以及互联网技术成为旅游文化产业融合的主要驱动因素等。

二、"互联网 + " 释放文化产业新动能

互联网技术的广泛应用和不断更新，给西部民族地区文化软实力建设提供了难得的机遇。西部民族地区历史文化资源丰富，但文化资源优势并没有转化成文化产业优势。民族地区大中型国有文化企业大多由经营性文化事业单位转企改制而来，小微文化企业发展则受到文化发展环境种种弊端的限制，文化产业发展的内生动力被束缚。然而互联网技术条件下，传统文化企业受到以互联网为媒介的各种文化企业的冲击，市场份额不断下降，被迫不断进行体制机制创新，小微文化企业发展的瓶颈在互联网技术推动下不断突破。互联网技术也不断推进文化产业基础设施建设，推动文化企业管理体制、管理模式不断创新，解放了束缚文化生产力发展的重重阻碍，为民族地区文化发展释放新动能。

此外，互联网技术消除了文化产业各领域之间的壁垒。传统文化产业各行业主管部门"条块分割、各自为政"。而互联网技术可以使不同媒介信息（如文字、图片、声音和视频等）实现无差别转换，使传统文化产业各部门之间的界限逐渐缩小，文化技术鸿沟逐渐被消除。互联网还可以消除文化产业各部门之间的资本壁垒、市场壁垒、人才壁垒等。此外，互联网金融具有融资方式灵活多样、融资效率高等特点，有助于破除文化产业各部门、各领域之间的融资壁垒，推动实现文化产业跨区域、跨行业、跨所有制的兼并重组，提高民族地区文化产业竞争力。

三、"互联网 + " 创造西部民族地区文化产业新需求

互联网技术激发文化消费意愿，为西部民族地区文化产业发展创造新需求。当前，互联网已伴随数字技术、网络技术以及移动通信技术覆

盖了世界各个角落。互联网技术改变了人们获取信息的方式，改变了人们信息消费的模式，已经成为各类移动智能终端获取信息的媒介。文化消费主体逐渐从被动消费发展到主动消费。互联网在文化产业领域的应用与融合，促进了文化消费的增长。网络消费由于其具备独特的渠道优势，能够有效解决制约文化消费的资金短缺与时间不足问题。对于网络文化的生产经营者来说，运用互联网进行文化产品的制作与传播，可以大幅度降低产品的制作与传播成本，使消费者得到更多实惠，有助于扩大用户规模。对于消费者来说，数字化文化产品销售形式多样，消费不受时间、地点的限制，只要有手机和网络，就可以随点随看，把碎片化的时间充分利用起来。而文化消费者还可以利用互联网传播广泛、信息流通方便、进入门槛低等特性，主动在文化产品生产中嵌入自己的创意，制作自媒体文化产品并进行推广，由消费者转变为生产者，起到繁荣文化市场、满足多元化的文化消费需求的作用。各行各业还可以以互联网为平台，充分融合、广泛合作，推动线下文化产品及周边的生产与消费。文化企业可以借助互联网与消费者互动交流，从而催生了文化电商平台和文化众筹平台，开辟了文化产业融资新模式。可见，互联网在文化产业领域的应用与融合激发了人们的文化消费需求，而网络文化消费市场的繁荣又反过来推动了文化供给市场的不断扩大。

第三节　文化产业与旅游产业融合发展为西部民族地区文化产业创新提供可能性

随着文化与技术、经济的相互交融，文化产业与旅游、体育、制造、商贸、休闲、餐饮等相关产业的结合也更加紧密，提升作用日益显著，产业边界趋于模糊，以文化内容消费为核心的庞大产业链和产业集群逐渐形成。文化产业与相关产业相互融合、相互促进、共同发展，已经成为文化产业发展的重要方向。

20 世纪 90 年代初，我国开始沸沸扬扬发展文化产业与旅游产业，西部民族旅游地也不甘示弱，纷纷走出了文化产业与旅游业联合互动发展的特色之路。有些省区甚至在全国走在了前列，如 2000 年 8 月，云南在全国首次举办了"文化产业展览洽谈会"，相应的调研、规划和政策修订工作也及时起步。但是当初的一些想法实际推进较为缓慢，导致西部民族地区旅游文化融合发展落后，旅游文化产业发展仍处于起步阶段，旅游文化产业对地区经济的拉动不强。西部民族地区旅游商品品种单调，产品雷同，文化含量低，艺术品位不高，在品种、特色、数量等方面远不能满足旅游者的需要，同时一些特色民间工艺由于缺乏市场认可的创新性产品，无法进入旅游市场，导致各地旅游纪念品大同小异，质量低劣。另外，旅游产品的开发也不能满足高端游客的需求。虽然近年来民族地区旅游业发展迅速，但是高档次、高品位的旅游休闲娱乐服务产品及项目严重短缺，无法满足高端客源市场的需求。同时，旅游业受季节性限制很强，尤其是广大西部、北部地区冬季旅游与民族文化产业的融合发展仍缺乏有效的手段。西部民族地区文化旅游业资源丰富，发展潜力非常大，但文化旅游业仍处于门票经济和景点经济的初级阶段，旅游收入主要来自门票，严重影响了文化旅游产业链的延伸。

文化产业与旅游产业融合是文化产品创新、文化遗产保护与传承、文化产业发展的重要手段。作为文化传播的载体、跨文化交流的平台和文化产业发展的依托，旅游和旅游业在社会主义文化强国建设中能够发挥巨大的推动作用。

一、文化产业与旅游产业融合为西部民族地区文化产业价值链延伸开拓新渠道

文化产业与旅游产业具有很高的关联性。文化产业与旅游产业应突破各自的技术边界、产品边界、业务边界及市场边界，延伸或渗透至彼

此的产业活动领域，促使文化产业与旅游产业的产业链和价值链发生解构，通过与对方的产业链与价值的各环节的整合、重组与创新，形成全新的文化旅游产业价值链。文化产业与旅游产业融合，有利于推动文化旅游产业向第二产业延伸。西部民族地区文化旅游基础设施普遍落后，文化旅游产品开发严重滞后。推进文化旅游融合，首先要加大基础设施投入力度，不断完善旅游功能，这必将推进旅游与第一产业及其他产业融合，实现文化、旅游、体育融合发展，推动文化旅游产业向工业延伸。

二、文化产业与旅游产业融合是传统文化、遗产文化保护、传承和创新发展的有效途径

一是能够结合红色旅游、国学与传统文化研学旅游开发，促进中华优秀传统文化研究挖掘和创新发展，用更加多样化的手段开展中华优秀传统文化的普及与对外传播。

二是能够结合遗产保护，开发具有浓郁传统文化特色的民族遗产文化旅游产品，特别是对于世界文化遗产、文物保护单位、大遗址、国家考古遗址公园、重要工业遗址、历史文化名城名镇名村和非物质文化遗产等珍贵遗产资源，科学保护与合理旅游化利用相结合，让旅游成为揭开遗产文化神秘面纱的窗口。

三是能够结合美丽乡村建设和乡村旅游业发展，把民族民间文化元素融入新型城镇化和新农村建设，发展有历史记忆、地域特色、民族特点的美丽城镇、美丽乡村，强化乡村个性，把乡愁、乡风、乡情开发成真正具有地方特色的乡村旅游产品，实现美丽城镇、美丽乡村建设与乡村旅游业的一体化发展。

四是能够结合民俗文化、民间工艺体验旅游开发，保护和发展传统民间艺术，通过传统工艺的传承保护和开发创新，挖掘技术、文化与市场的多重价值，推动传统工艺走进现代生活、走向市场，促进传统工艺

提高品质、形成品牌，走上产业化发展之路。

三、文化产业与旅游产业融合能够更好地发挥体制机制和政策体系的综合效能

在文化建设政策保障方面，旅游与文化政策深度融合，多途径推进文化强国建设。政策是事业发展的制度保障，旅游与文化事业发展在很多领域具有交叉性和融合性，在保障机制建设方面，通过旅游与文化事业相关政策内容的深度融合，建立政策体系的双重领域共享机制，能够更好地发挥体制机制和政策体系的综合效能。例如，在文化用地和旅游用地保障方面，将文化用地与旅游用地混合使用、多用途使用，不仅有利于土地资源的集约化利用，而且能够推进文化与旅游的融合发展、一体化发展。

四、文化产业与旅游产业融合为民族文化"走出去"开拓新途径

文化产业与旅游产业相融合，以旅游为平台，可以促进文化开放和跨国文化交流。国际旅游是文化开放和跨文化交流的重要途径。近年来，国际出入境旅游、文化旅游交流年、主题旅游年等，已经成为我国对外文化开放和跨文化交流的重要方式，而且级别越来越高、规模越来越大、次数越来越频繁。例如，中俄旅游年、中美旅游年、中韩旅游年、中印旅游年、中丹旅游年等，都是由双边国家元首策划、商定、参加的国家级重大文化旅游交流活动。作为最高级别的主题旅游年，每一次的活动，文化交流、互动都是其中最重要的内容。这些以旅游为载体和平台的跨文化交流活动，今后会越来越频繁，规模也会越来越大，旅游已经成为促进西部民族地区文化开放和跨文化交流的最高、最大平台，为西部民族文化"走出去"作出了重大贡献。

第四节 "一带一路"倡议为西部民族地区文化产业对外发展带来新机遇

"一带一路"倡议在政治、经济、文化等层面上对于引领新一轮开放合作具有重大意义，而发展文化产业是实施"一带一路"倡议的重要切入点之一。我国民族地区大多与周边国家接壤，有 30 多个民族与国外同一民族跨境而居。这些少数民族与邻国居民有亲密的感情纽带和密切的经济、文化联系，从而在与相邻国家进行经贸往来时有得天独厚的条件。"一带一路"倡议为我国民族地区文化产业的创新发展、文化软实力的稳步提升提供了契机。

一、有助于西部民族地区通过培育特色文化产业来实现产业结构升级

"丝绸之路"文化产业战略发展的基本目标是将丝路沿线地区打造成"一带一路"建设的文化创新带、交流先行区、经济增长极和欧亚区域稳定器。对于"一带一路"沿线国家和地区而言，只有开发出具有特色的优势产业和优势项目，并以此为突破点，才能带动民族国家文化产业的发展。西部民族地区在这方面具有得天独厚的资源优势和政策优势。2014 年，文化部、财政部联合发布的《关于推动特色文化产业发展的指导意见》（以下简称《指导意见》）指出，特色文化产业是指依托各地独特的文化资源，通过创意转化、科技提升和市场运作来提供具有鲜明区域特点和民族特色的文化产品和服务的产业形态。特色文化产业发展的重点领域包括工艺品、演艺娱乐、文化旅游、特色节庆、特色展览等。《指导意见》还提出发展区域性特色文化产业带、建设特色文化产业示范区、打造特色文化城镇和乡村、健全各类特色文化市场主体、培育特

色文化品牌、促进特色文化产品交易等。2014 年，国务院出台了《西部地区鼓励类产业目录》，这个目录涵盖了所有西部 12 省区市的特色文化产业，2014 年开始实施的《藏羌彝文化产业走廊发展规划》所涉及的地区，纵跨陕西、青海、甘肃、四川、云南、贵州、西藏 7 省区，沿着历史形成的民族迁徙通道来助力文化产业带发展。抓住"一带一路"契机，我国丝绸之路沿线省份作为中国西部的落后省份，必将通过发展特色文化产业，推动文化产业转型升级、创新发展，为改善地区的发展不平衡、不充分的状态创造新途径。

二、为西部民族地区文化产业实现跨区域协作创造了新条件

当今世界，在经济全球化和网络信息化趋势的相互作用下，全球文化呈现出多元化特征。而西部民族地区各具特色、各有优势，但在文化产业发展中区域间定位雷同、各自为战，文化产品和项目千篇一律。"一带一路"倡议能够使西部民族地区文化产业加速冲破区域划分和空间割据的限制，打破不同区域间的文化壁垒。通过"互联互通"的合作，发挥各区域之间的联动性，深度挖掘并合理利用各自的特色文化资源，互通有无、分工合作，实现优势互补，谋求共同发展。随着"一带一路"倡议的深入实施，文化市场的全方位开放、文化产业的进一步跨区域共同协作将成为必然，这也必将推动西部民族地区与沿线国家、地区协作打造"丝绸之路文化产业带"成为可能。

三、为西部民族地区文化旅游大发展提供历史性机遇

发展旅游业是促进文化交流的重要方式，有很多文化产品的消费实际上是以旅游为载体来带动的。"一带一路"倡议在平台上为文化产业的发展提供了软硬件支撑，其所倡导的以"对外开放、互联互通"为核心的理念，对西部民族地区文化旅游产业的发展具有强大的促进作用。

要做到准确把握国家推动"一带一路"倡议的历史性机遇，发展文化旅游可从以下两方面展开。随着"一带一路"倡议的展开与推进，必将为广大西部民族地区入境旅游的发展带来新的契机。我国西部民族地区汇集了得天独厚的文化旅游资源，有自然风光、名川大河、历史遗迹可供游览。《推动共建丝绸之路经济带和21世纪海上丝绸之路的愿景与行动》中圈定的重点涉及的18个省区市，包括新疆、重庆、陕西、甘肃、宁夏、青海、内蒙古、黑龙江、吉林、辽宁、广西、云南、西藏、上海、福建、广东、浙江、海南等，均是拥有特色旅游资源的著名旅游省区市。"一带一路"虽是世界精华旅游资源的汇集之路，但沿线省区市及地区现有的大多是资源依托型的旅游项目。西部民族地区可以依托现有资源优势，挖掘文化内涵，开发大型创新型、引爆型文化旅游项目，以项目引领、带动整个文化旅游产业链的发展。西部民族地区还可以通过积极利用现有的"旅游部长会议""境外旅游交易会"等多边机制来加强文化旅游市场的宣传，积极与境外客商尤其是"一带一路"沿线国家和地区的客商进行文化旅游等领域的合作交流。同时，在跨境文化旅游交流合作中，有助于我们提升自身的文化旅游产品品质，深度开发民族特色民族文化旅游资源，规范旅游市场的秩序。

四、为西部民族地区民族文化走向世界提供重要契机

首先，设施联通为文化产业"走出去"奠定基础。"一带一路"倡议的实施，设施联通是基础。设施联通除了传统的道路、航路相通外还包括通信光缆等通信干线网络建设。这意味着除了通过公路、铁路等传统方式将我国的文化产品销往"一带一路"沿线国家和地区外，主要以虚拟形式存在的文化产品和服务将可以通过信息网络快速的销往沿线各国。一旦这条看不见的丝绸之路建成，将打通我国文化产业向外衍生的道路。西部民族地区绝大部分都处于设施联通的重要节点上，通过设施联通，原来属于偏远的边疆民族地区实现了由偏远地区向"一带一路"

核心地区的华丽转变，为西部民族地区文化产业"走出去"奠定了坚实的基础。其次，实现"民心相通"是"一带一路"倡议提出的"五通"目标中的重要的一环，民心相通首先是文化和价值观的认同。而"一带一路"倡议全方位、立体化的联通必将使跨文化的交融变得更加频繁和深入，在不同文化的碰撞和交流中，扩展和丰富文化产品的文化内涵，为文化产业发展增添生命力。要想加强跨文化交融，就要突破区域内部的纵向传递界限，进行跨空间的文化要素混合与交融。"一带一路"是国内和国际大量的优秀文化集中对话和交汇之路，而广大西部民族地区既是这条跨区域文化交融之路的重要组成部分，又是其纽带和桥梁。紧抓"一带一路"跨区域文化交流与融合的契机，西部民族地区可以依托民族文化资源的多样性和差异性优势，发展文化产业并实施文化产业"走出去"战略，充分展示各民族文化的优秀内涵，在世界范围内形成广泛普遍的文化认同。同时，还可以结合民族文化的实际，吸收"一带一路"沿线不同民族、国家和地区的优秀文化，不断进行创新与整合，并采取利用跨国资本、跨国版权运营等途径更加有效地将民族文化资源转化为民族文化资本，实现民族文化产业发展的世界化，推动民族文化传播的国际化。

第五章　西部民族地区文化产业转型发展的战略选择

推进西部民族地区文化产业转型发展，须从根本上对文化产业及其发展规律和趋势具备深入了解，把握西部民族地区文化产业转型发展的内在机理，明确转型发展的动力结构，由此才可能作出正确的战略选择与适宜的制度安排，切实推动西部民族地区文化产业结构优化升级、激活文化供给增长内生动力，推动新的文化业态不断融合、演绎、更迭与创新发展。

第一节　深入把握文化产业的发展规律与趋势

西部民族地区文化产业转型发展，需要在一些基本理论和实践问题上厘清认识，这是明晰转型发展的思路与重点的重要前提。

一、深刻认识文化产业转型升级的内涵与要义

（一）文化产业的内涵

深入认识文化产业的内涵，有助于明确西部民族地区文化产业转型发展的重要意义、目标、重点、途径和方式，是促进文化产业高质量发展的基本条件。

　　文化产业本质上是文化内容产业，是社会的表达形态和表达系统。任何文化产品的载体，离开了内容表达就没有意义，便难以存在。因而，生产内容、提供内容和消费内容，便成为文化产业的主体功能，并且因此而与其他形态的产业相区别。文化产业发展本质上即为文化产业的内涵发展。文化产业的内涵发展是最后影响文化产业发展能力、发展水平和发展质量的起决定性作用的标准。从这个意义上说，文化产业的内涵发展就是文化生产力发展。它是文化产业发展最具有革命意义的因素。虽然作为一种特殊的文化形态和经济形态，它是由政治、经济和文化等作用共同影响所产生的社会运动现象，但是，如果单纯度量文化产业发展的表象特征，就会忽略对文化产业具体客观规律的把握。因此，认识文化产业的内涵特征，是促进文化产业高质量发展的基本条件。

　　一是要把握文化产业的精神生产属性与特质，明确其产业主体是通过各种载体来传播和表达的精神产品，其生产过程既是物质形态的形成过程，又是其中所蕴含的丰富文化内容与精神价值形成的过程。消费者通过文化消费最终是为了体验其带来的文化产品以及由此产生的精神愉悦。

　　二是文化产业的兴起反映了人类文明阶段的转型发展趋向，即从物质文明向更高程度文明的迈进。它出现在一国（或地区）经济极大发展、物质极大丰富、精神消费需求旺盛发展的阶段，是新的经济系统在产业经济层面的体现。发展文化产业是经济与社会转型发展在产业转型发展方面的具体要求与表现，是世界各国产业转型发展的未来方向和必由之路。

　　三是发展文化产业不仅意味着要大力发展以直接满足人们的精神需求而进行的创作、制造、传播、展示等文化产业（如新闻出版、广电传媒、演艺娱乐、动漫游戏、文化会展等产业活动内容），还要特别重视文化产业与相关产业的渗透、融合发展，即文化创意、工业设计对传统产业的融入，从而增大文化的产出效益，提升附加价值，促进传统产业的转型提质增效。文化产业、文化创意的实质可归为一种社会发展进步的动力。文化产业的发展，意味着社会生产将从资源驱动型、利益驱动型向文化动力型转型。而其中最能生成价值的环节就是版权开发和文化创意活动环节，即原创性文化作品的生产或者在前人文化作品的基础上进行的独创性的加工和演绎。

（二）文化产业转型升级的内涵

结构变迁是文化产业发展的基本动力。当我们把结构假设作为出发点来研究西部民族地区文化产业转型升级时，就必须首先明晰文化产业结构的演变方式，以及决定这种演变方式的根本因素。在此基础上，我们才能构建文化产业结构内生化的动力体系，从而为推动后发地区文化产业转型发展提供理论指导。

如前所述，由于文化产业结构兼具文化结构和经济结构的双重特质，因而，"文化产业结构优化"可以从产业结构理论、文明形态的演变进行研究，也可以从空间的生产结构、需求结构、贸易结构相结合进行研究，或者从文化治理、制度结构等不同视角进行研讨。实际上，已有研究者已从多个层面对这一问题进行了深入探讨，并且提出了不少具有建设性的观点，主要包括以下五个方面：一是侧重于依托制度创新来实现文化产业结构战略性的调整，以所有制结构改革和文化管理体制改革等为研究重点。二是侧重于推动科技创新来优化文化产业结构。例如，致力于通过"科技与文化"的有效融合，提高文化产业的科技含量以助推传统文化产业升级。三是着眼于通过完善供求结构和贸易结构，来实现文化产业结构的根本性调整。四是着力于推动文化产业集群的发展，特别是强调要通过重点发展特色文化产业及战略性主导文化产业，从根本上完善与提升文化产业布局与结构。五是致力于通过协调不同利益主体之间的关系，促进资源的优化配置和产业结构的调整。例如，通过化解中央政府与地方政府之间、国有企业与非国有企业之间等不同行为主体的利益冲突，从而实现资源的有效流动和合理配置。总体上，无论是侧重技术创新、制度创新层面的研究，还是侧重不同利益主体之间的关系协调研究，或者是从改变供给结构和贸易结构视角进行研究等，其研究成果均建构起了相应的文化产业结构发展模型，并提出了文化产业结构演变的方式，同时给出了相应的对策建议。当然，也有不少成果并非遵从单一研究视角，而是从多个维度来研究我国文化产业结构优化的变量。例如，胡惠林（2011）认为文化产业结构的变动是受经济增长、收入结构、需求结构的变动、技术进步的程度、国际文化贸易、文化产业政策调整等因素的共同影响；韩骏伟（2011）认为一国的经济形势、开放战略、消费需求、市场机制、人才因素等是驱动其文化产业结构不断优化的主要因素；江奔东（2008）则认为在诸多影响因素中，供求变化是文化产业结构升级的基本原因，国际文化产业发展总体水平与趋势性变化是文化产业结构升级的重要原因，城市化进程是文化产业结构升级的直接动因，相关产业发展是文化产业结构升级的间接动因，政府的产业引导政策也是文化产业结构升级的重要推动性因素。诸如这样综合性分析的文献成果还有不少，但大多数研究成果实质上仍未能对文化产业结构运动的根本性决定因素进行系统性解答，未能提出文化产业欠发达的国家或地区实现文化产业转型升级的有效思路与路径。换言之，不少研究成果所提的方案无法客观、有力地解释文化产业发展的结构内生动力生成过程。然而，探索文化产业结构运动的内生化动力对于推动西部民族地区文化产业发展乃至我国文化产业良性循环发展均具有显著的理论和现实意义。因为内生动力是整个文化产业动力系统中最为根本而稳定的动力，从文化产业结构内生动力机制形成的逻辑起点出发，构建结构的内生动力体系也就更加符合文化产业转型升级与多样性发展。

实质上，文化产业转型升级的演进方式主要表现为两种：一是价值链层面上，主要表现为文化产业逐步从产业价值链的低端向高端不断地攀升；二是文明形态结构上，产业结构演变又集中体现为从传统文化产业向现代文化产业的不断推进（沈继松和胡惠林，2016）。且两种演进方式共同呈现出一个特定的规律，即文化产业结构的升级过程是文化产业由低级逐渐转向高级的螺旋式攀升过程。在这条循序渐进的文化产业发展的推进曲线上，不同的产业形态均体现为这条平滑曲线上的一点，彼此前后密切关联，且处于每一时点的文化产业形态，总是受这一节点处相对应的资源禀赋结构和技术水平与条件的影响或支撑。

因此，从文化产业转型升级的两种演进方式看，无论是文化产业价值链"由低到高"的攀升，还是产业自身由"传统到现代"的推进，本质上的动力结构是资源禀赋结构的升级。即文化产业结构内生于资源禀赋结构，因而所谓最优文化产业结构，也就是与其所处时点的资源禀赋结构相对应的那一种结构。换言之，一国或一定地区，只有发展与所处时点、所具备的资源禀赋结构相符合的文化产业，市场中的企业才能够在产品生产中较容易获得并使用相对丰富和相对便宜的生产要素，产业在竞争中也才能相应地较易于获得市场竞争优势，相应地才能产出更多的经济剩余和文化剩余，累积更多的货币资本与文化资本，进而推动生产要素从初级逐渐转向高级，要素结构亦不断得以优化升级。

从我国文化产业结构演变路线来看，总体上是由低至高、由单一向多元渗透发展的，恰恰印证了这一逻辑。例如，东、中、西部地区资源禀赋各不相同，相应的文化产业形态亦不相同。与中西部地区相比，东部地区经济发达，技术先进，人才集聚、资本充裕、市场完善，因而在国内处于文化产业格局的优势地位，以现代文化产业和新兴文化产业为主体，甚至部分城市（如北京、上海等）在部分文化产业的领域已经对接国际市场的中高端。与此同时，中西部地区尤其是西部地区仍以传统文化产业为主体。从东、中、西部地区分别选取文化产业发展较为发达的广东、湖南、云南为例，见表5-1，通过各省"十二五"文化产业发展规划中所列的重点文化产业项目对比研究，可以发现差异显著，尤其是广东与云南对比差异尤为明显。之所以广东选择的文化产业类型更为高级，关键就在于该地区文化生产力总体水平较高，诸如资本、技术、智力资源、基础设施等要素相对丰裕，而这些是支撑以创意设计、动漫游戏业、网络文化服务业等为主体的新兴文化产业发展不可或缺的条件。但凡进入这些产业领域的企业，往往具有较强的自生能力，所生产的文化产品和服务也更具市场竞争力。而云南作为西部民族地区的省份，拥有为数众多、丰富多彩、绚烂多姿、意蕴深厚的少数民族文化资源是其独特的文化资源禀赋，因而其所选择的重点文化产业类型，相当大一部分是依托云南特有的文化资源发展起来的传统文化产业，如民族演艺、文化旅游、休闲娱乐、节庆会展、珠宝宝石、民族民间工艺、茶文化、体育等项目。正因为云南民族文化的丰富多彩，依托长期形成的、反映当地民众文化习性的文化产品与服务，才更具文化吸引力、视觉冲击力和市场竞争力，最终体现为一定程度的地理标识性和文化垄断性。这些产业成为云南产业结构的重要组成部分，在推进云南产业结构的转型中发挥着日益重要的作用，且在整个西部地区也发挥了重要的产业、经济乃至文化、社会的深远影响作用。显而易见，这样的产业选择，也成为有效升级所在地区资源禀赋结构的重要方式。可见，广东、湖南、云南"十二五"期间重点文化产业项目类型选择的差异，其根本上是由所在地区资源禀赋结构的差异性决定的（沈继松和胡惠林，2016）。

表 5 - 1　　　广东、湖南、云南"十二五"文化产业发展规划之
"重点文化产业项目"

省份	重点文化产业项目
广东	文化创意（创意设计业、动漫游戏业、音乐制作业、广告业）、平面传媒业、广播影视业、出版版权业、网络文化服务业、文化会展业、演艺娱乐业、文化旅游业
湖南	演艺业、动漫业、文化娱乐业、文化旅游业、网络文化产业、艺术品业、文化艺术培训业
云南	新闻出版、影视动漫、民族演艺、文化旅游、休闲娱乐、节庆会展、珠宝宝石、民族民间工艺、茶文化、体育

　　资料来源：根据广东、湖南、云南等省"十二五"文化产业发展规划资料整理。

　　综上所述，一国或一定地区在特定时点所拥有的资源禀赋结构是文化产业结构内生化的最根本的决定性因素，资源禀赋结构的时空性特征影响着各地区文化产业结构的特质并约束着文化产业结构转型升级的潜质与空间。只有资源禀赋在时空层面累积到一定程度，并形成更为高级的资源禀赋，才能形成推动文化产业升级的内化动力。因此，西部民族

地区文化产业结构优化的本质在于改变并提升文化产业资源禀赋结构，这必定是一个长期的行为和过程。

二、文化产业的发展规律

从世界各国及我国文化产业发展的实践来看，文化产业发展中呈现出以下规律与趋势。

空间分布上向经济中心城市集聚性。从世界各国文化产业繁荣发展的规律来看，现代文化产业在空间分布上体现出向经济中心城市集聚的地理特征。文化产业的这种空间集聚性在遵循产业空间集聚的一般规律之外，也与城市经济、社会发展具有共生共荣的密切关联。文化产业在城市经济的持续发展中发挥着重要作用，如美国的纽约、英国的伦敦、日本的东京、法国的巴黎等，还包括韩国的首尔、中国的香港等这样的新兴经济体城市，不仅是本国文化产业集聚发展的中心城市，而且已经成为世界文化产业集聚发展的中心。文化产业的发展，为这些城市（及所属的国家）带来大量的附加值，同时提升了这个城市的内涵，成为城市（甚至国家）国际化发展的文化标识。从国内来看，文化产业同样显示出向北京、上海等经济文化中心城市集聚发展的规律。这种现象表明，文化产业具有与一般产业所不同的产业特征：一是文化产品需要通过物质化的载体体现，但其真正价值在于所赋予精神内涵的内容部分；二是文化产品的价值具有虚拟性和符号特征，且这种价值在一定条件下可以成功转移、嫁接或附加到各种物质商品之上，形成并强化该种商品的造型、工艺、品牌等产品标识，并通过品牌或品质的差异性来实现巨大的产品价值增值；三是在现代技术的条件下，文化产品复制生产能力正被无限扩大，因而，文化产品价值增值的根本在于其内容的原创性上，这一特点与制造业中的研究开发的特点相一致；四是文化资源作为文化产业在生产过程中着重使用的生产资源，其属性不同于物质生产中对物质资源的消耗规律，而突出体现出可重复使用、自我再生、广泛的延展性与示范性和在某种程度上越用越多的"反向运动"特征，从而使文化产业体现出强势和持久的产业生命力、创新驱动力和价值增值能力，以及产业价值（产品价值）不断向其他产业广泛渗透而在更广大的领域内驱动地区经济转型升级的积极而深刻的影响作用。

区域间文化产业发展的不平衡性。包括国家之间发展的不平衡性，也包括一国之内一定地区之间发展的不平衡性。国家之间发展的不平衡性表现在当今世界文化产业格局中，美国、英国、日本、韩国等国占据了世界文化产业发展的主导权，占有了世界文化市场 90% 以上的市场份额，且牢牢占据国际文化产业链的高端位置，并通过国际文化贸易将中国等其他国家纳入世界文化贸易体系，将其锁定在低端位置。这种不平衡性发展态势正在成为文化产业发达国家谋求"不平等"经济、文化利益的重要条件。从国内来看，与我国经济发展的不平衡性相吻合，文化产业也呈现出与经济发展水平相应的不平衡发展特征，由东向西呈现出阶梯状发展格局。北京、上海、广州等一线城市，以及东部发达地区的大城市等。这些地区经济发达，为文化产业的发展奠定了显著的人才、科技、资金及市场支持。从经济发展角度说，创意型文化产业较发达。中部地区依托丰富的人文与自然生态资源，文化旅游业较发达，并发挥毗邻东部地区的优势，趋向于进一步深入发展"资源—创意结合型"文化产业。西部地区虽然拥有丰富的文化资源，但是受人才、技术、资金及市场等要素条件制约，经济发展仍然相对落后，主要靠政府扶持培育文化产业，属于政府主导的资源型文化产业。总体而言，我国文化产业区域发展不平衡问题突出，文化产业的发展水平基本吻合经济发展水平的格局。

三、文化产业的发展趋势

从产业发展层面看，文化产业在新技术的支撑下，通过在产业边界上与其他产业相融合形成新的文化生产行业，正在不断扩大整个产业的规模和经济社会影响力。在现代西方经济学中，费希尔（Fisher）、克拉克（Clark）、库兹涅茨（Kuznets）等提出了三次产业分类方法，并对 18世纪英国产业革命以来人类生产的社会分工状况进行了分类描述，为产业结构和产业组织理论的形成奠定了基础。按照这种产业分类方法，文化产业作为狭义产业分类概念，应归属于三大生产部门中的服务业。但现实中文化产业的生产运营同时具有工业生产和商业服务的特征。产业的形成与发展同社会分工的产生与发展紧密相连。自 20 世纪 60 年代起，欧美发达国家相继进入后工业社会，其社会经济特征和主导产业呈现出新的发展变化趋势和特点，第三产业逐渐超越传统工业部门成为经济主导部门，而且第三产业中主要从事信息商品和服务的部门（即"以知识为基础的经济部门"）对国民经济贡献比例日趋达到 70% 以上。特别是进入 20 世纪 90 年代后，伴随着网络通信技术为代表的信息技术的突飞猛进，以及民众消费的注意力从物质需要转移到精神需要，从科学和技术转移到情感体验和逸闻趣事，社会经济中出现了"高技术"与"高文化"联姻的产业发展趋势。

文化产业借助信息化进程的推动，呈现出显著的产业融合发展的趋势与特征，不断改变着经济社会中既有的产业与产业之间传统分立关系以及不同产业在整体经济社会中的影响地位。文化产业在这一产业融合发展的过程中，其规模和边界不断扩大，其概念与内涵也不断延展与变化，既有概念已经难以反映产业信息化发展所带来的产业分化融合的趋势性新变化。因此，像美国、英国、法国、日本、韩国等文化产业强国的"内容产业"和"创意产业"等概念的提出与强调，恰好验证了在当今信息技术推动下，文化产业本身出现的产业分化以及与其他产业融合发展的显著产业特征。

因此，一定国家（或地区）产业的社会经济特征，往往是这一产业在该社会生产中的经济关系和地位的映照。正如在产业经济学中，一定社会形态中的主导产业，反映了其整体经济中发挥决定性作用产业的活动状态。例如，在农业社会中种植业是其主导产业；在工业社会中制造业是其主导产业；而在信息化进程中出现的文化产业及其相关产业融合发展的显著趋势，不断催生着新兴产业形态，并日益使"内容产业"和"创意产业"成为当今社会主导产业和重要发展方向，进而带动整个社会呈现出趋向信息化、网络化融合发展的大势。

四、我国文化产业正处在转型发展的关键时期

自1993年文化部的文件中首次提出文化产业的概念以来，文化产业发展逐渐进入党和国家的视野，特别是"十一五"以来，在国家相关政策引导及资金支持下，我国文化产业呈现出蓬勃发展的良好局面，连续多年保持高速增长。

2009年7月，国务院审议通过了《文化产业振兴规划》，这是我国第一部文化产业专项规划，意味着党和政府将文化产业作为我国主导产业加以推动和扶持，标志着文化产业真正上升到我国国民经济的战略性层面。2011年3月发布的《中华人民共和国国民经济和社会发展第十二个五年规划纲要》把"推动文化产业成为国民经济支柱性产业"确立为国民经济的重要发展目标，2011年10月，党的十七届六中全会进一步作出《中共中央关于深化文化体制改革　推动社会主义文化大发展大繁荣若干重大问题的决定》，将文化产业纳入建设社会主义文化强国战略目标的内容之中。并且明确指出，要通过推动文化产业跨越式发展，使之在培育新的经济增长点、推动经济结构战略性调整、转变经济发展方式乃至推动科学发展中发挥"重要支点""重要着力点""重要支撑"的突出作用。2012年2月，《国家"十二五"时期文化改革发展规划纲要》发布，正式确立了文化产业"逐步成长为国民经济支柱性产业"的发展目标。与此同时，文化部也发布了《"十二五"时期文化产业倍增计划》，这表明文化产业越来越融入国民经济发展的大循环中，在更大的经济社会领域发挥着更加重要的作用。2012年11月，党的十八大将"扎实推进社会主义文化强国建设"融入全面建成小康社会和全面深化改革开放

的目标和任务之中，将我国文化建设与发展提到历史新高度，标示了推动我国文化改革及创新发展的新方向。2013 年 11 月，《中共中央关于全面深化改革若干重大问题的决定》又将深化文化体制改革作为全面、深入、系统推进"五位一体"改革的重要方面，2014 年，中央全面深化改革领导小组审议通过的《深化文化体制改革实施方案》，进一步明确了文化产业要实现规模化、集约化、专业化发展的重要方向，指出要通过积极构建现代文化市场体系，逐步形成公有制为主体、多种所有制共同发展的我国文化产业新格局。这预示着在中国新一轮经济社会的深刻变革之中，要致力于推动实现文化与经济、改革与发展良性互动、相互促进的新格局，就需要文化体制改革的不断深化为文化产业发展提供强大支持，进而使文化产业发展为经济发展提供重要动力，最终使资源消耗低、环境污染小、以创意为核心的文化产业成为转变我国（地区）经济发展方式的重要抓手和国家综合实力提高的内在支撑。在 2014 年 3 月，国务院接连发布《推进文化创意和设计服务与相关产业融合发展的若干意见》《关于加快发展对外文化贸易的意见》。这两个意见的出台，揭示了我国文化产业发展的新布局、新思路，意味着在国家的发展战略中，文化产业已经成为推动我国产业主体由"中国制造"向"中国创造"转型的重要推手。党的十九大报告对我国社会主义矛盾变化作出新的判断，指出"我国社会主要矛盾已经转化为人民日益增长的美好生活需要和不平衡不充分的发展之间的矛盾"，这对我国文化产业的转型发展提出了新的要求。

当前，我国的文化产业正处于转型发展的关键阶段，面临从自发发展到自觉发展，从主要靠政府推动到政府引导与市场驱动相结合，从对文化资源的简单开发、模仿制造到实现创意创造的深度转变。文化产业已然作为我国的战略性新兴产业和国民经济的支柱性产业，不断融入和服务于国家经济战略性转型的总体布局，要充分发挥其对经济发展方式转变和产业转型发展的重要推动作用，其自身也要致力于通过构建内生化动力，加快推进文化产业自身结构的调整优化、发展方式转变和模式创新，以获得根本性、持久性的内生驱动力。这既是西部民族地区文化产业转型发展的宏观背景，也是政策机遇，同时更是挑战和要求。

第二节　西部民族地区文化产业转型发展的思路和重点

西部民族地区文化产业转型发展根本上取决于能否有务实而前瞻的战略统筹，推动资源禀赋结构升级的内生动力，能够充分发挥市场与政府作用的制度安排，以及良好的涵育文化发展的社会文化环境。

一、从战略上确立文化产业转型发展的应有空间

西部民族地区文化产业的转型发展，一定要立足于文化产业的深刻内涵与要义，突破对一般文化产业门类的认识，从西部民族地区经济社会战略全局来认识、规划与总体布局。不但要通过文化产业的发展繁荣文化市场，满足公众的精神文化消费需求，提升文化竞争力及文化软实力；更要重视着力推动文化产业与相关产业的融合发展，即文化创意、工业设计对传统产业的融入，从而增大文化的产出效益，提升附加价值，促进传统产业的转型提质增效。

长期以来，西部地区作为我国资源、能源富集的地区，形成了倚重能源资源的产业结构与经济结构。这种经济增长模式借助我国进入21世纪以后，经济发展由轻工业、耐用消费品进入能源重化工业发展阶段，对能源资源产生巨大依赖和需求的契机，实现了能源工业爆发式的增长，带来了西部民族地区经济的快速发展（如内蒙古2002~2009年曾连续8年经济增速领跑全国）。但是，在实现经济持续快速增长的同时，西部民族地区原有的经济发展方式、增长模式普遍面临着日趋严峻的资源环境的瓶颈约束。尤其是近年来在我国经济社会发展的国际环境发生重大变

化的背景下，国民经济由高速增长向中高速增长阶段转换已经成为经济新常态，因而，资源能源依赖型的经济增长也面临着持续下行的压力，就要求这些地区必须从传统增长点转向新的增长点，从规模速度型粗放增长转向质量效率型集约增长。这就为文化产业、文化创意与设计服务与传统产业的融合推动西部民族地区经济转型及社会进步提供了极大的发展空间，为最终实现社会生产从资源驱动型转向文化动力型创造了可能。

尽管短期来看，多数西部民族地区文化产业增加值占国内生产总值的比重离成为支柱性产业所要求的5%尚存在一定的差距，文化产业对经济增长的贡献率增幅也不大。但是，不可否认，从世界经济及产业转型发展的趋势与规律来看，从我国经济新常态的特点和要求来看，从西部民族地区生态环境保护与资源节约要求来看，也包括从其内在的发展优势与条件来看，从战略层面确立文化产业在推动西部民族地区经济结构调整与转型中的作用并预留足够发展空间，将是西部民族地区发展战略的应有内容甚至是重要内容。

二、以资源禀赋结构的升级支撑文化产业内生动力

西部民族地区文化产业转型发展，根本动力应是内生动力，根本支撑应是资源禀赋结构的升级。瑞典经济学家赫克歇尔·俄林（Heckscher Ohlin）所提出的资源禀赋理论最早对资源禀赋范畴进行阐述，并指出，所谓资源禀赋是指一国（或地区）进行社会经济活动时所拥有的各种生产要素及其数量。此后，伴随着社会经济活动的发展，其内涵与外延也不断地被拓展和丰富。而迈克尔·波特（Michael E. Porter）和林毅夫两位学者对资源禀赋的界定颇具代表性。在迈克尔·波特（1990）看来，生产要素主要包括基本要素（如自然资源、地理位置、气候条件、普通劳动力、资本等）和高级要素（如高度信息化、高级人才、尖端技术等）两类。其中，基本要素是一国（或地区）自然拥有的或不需太大代

价便能获得的生产要素；高级要素则是需要一国（或地区）通过长期投资及持续开发才能获得的生产要素。比较而言，前者是产业发展的基础条件，后者的集聚与升级则是确保产业取得竞争优势的根本性要素。林毅夫（2012）在前人研究的基础上，进一步提出，资源禀赋的构成除了上述传统的内容，还需要把基础设施也纳入进来，这是因为任何一种产业的发展都需要相配套的基础设施来保障经济活动及交易的顺利进行，无论经济处于何种发展阶段都离不开"软件"和"硬件"（即无形和有形）基础设施建设与改善的支持。相较于高速公路、铁路、机场、码头等硬件基础设施，以价值体系、社会资本、制度环境等为主体的软件基础设施往往在产业后续发展中起着更为持久和根本性的推动作用，也是一国（或地区）资源禀赋结构中更为核心的构成要素。可见，资源禀赋的内涵已经远远超越了最初的"土地、劳动力与资本"的要素范畴，而是涵盖了社会资源等更为宽泛的领域，进而深刻地揭示出资源禀赋结构与一定国家（或地区）产业的竞争力水平、社会经济发展程度等存在的内在关联，体现为资源禀赋结构与产业竞争力的同构关系，即结构越高级竞争力则越强，反之亦然。总之，产业生产本质上是一种能量转换，是资源向产品与服务的转换过程。任何国家（地区）都要在一定的资源禀赋基础上，结合一定技术方式，组织文化生产与再生产活动，并持续不断地推进文化经济的循环发展。从这个意义上，资源禀赋是一国（地区）文化产业发展的逻辑起点，是文化市场主体决定生产什么及如何生产的首要动因。

从现实中看，西部民族地区文化产业结构较发达地区而言处于低级发展状态，而这种发展状态主要归因于该地区文化产业资源禀赋结构不够发达（沈继松和胡惠林，2016）。民族地区文化产业发展体现出某些共性的特征和规律。

一是民族地区与其他地区相比，往往拥有丰富而独特的民族文化资源和历史文化遗存（包括非物质文化遗产），也保留着较完整的独特民族习俗，这些都为发展文化旅游业等相关文化产业，以及基于民族文化元素的创意设计与开发创造了独特的优越条件，是民族地区发展特色文化产业的先天优势。特别是依托各地独特的文化资源的特色文化产业，通过创意转化、科技提升和市场运作，提供具有鲜明区域特点和民族特色的文化产品和服务，对于深入挖掘和实现西部各民族优秀传统文化的时代价值、优化文化产业布局、推动区域经济社会发展等具有重要意义。

二是民族地区受客观条件制约文化产业发展模式普遍粗放，文化资源转化能力低下。我国各民族地区大多地处偏远边疆，地域辽阔、人口密度小，人文社会资源条件相对较差、产业集聚发展条件较差、经济基础较为薄弱。从全国来看，由东至西，我国经济发展呈现明显的东、中、西部阶梯状发展差距。社会人文发展（人均国内生产总值、受教育程度、平均寿命）同样呈现出东强西弱的差异。全国社会人文发展的排名前九位均为东部地区，第十位为中部地区的吉林。排名后十位除江西和安徽外，其余均为西部地区。文化产业强省、强市多为东部地区。这表明，文化产业是一种需要科技、经济和文化等要素相融合的产业，东部地区在文化资源转化无形资产能力及文化资源转换资本能力方面均强于西部省份，西部地区虽拥有丰富的民族文化资源，但是产业化程度低，这是受当地经济条件、科技推进、人文资源条件（特别是文化人才资源）等因素综合影响的结果。

由此可见，文化产业的发展离不开经济和社会的影响。从世界范围内看，文化产业发展水平与经济社会发展水平呈正相关性也恰恰印证了这一规律。这是因为，文化产业的兴起和繁荣本身就是经济社会发展到一定阶段的产物，是工业经济向更高阶段——文化经济迈进的产业形态。我国虽然近年来中西部地区文化产业呈现出快速增长的发展态势，但是，从根本上讲，与东部发达地区相比，西部民族地区客观上处于竞争劣势。同时，经济发展创新能力与文化产业创新能力也存在有较大的相关性，西部民族地区相比于东部省份，总体创新能力低下，所从事的文化生产活动也以文化制造和文化娱乐服务为主，而非创意设计和版权开发。这些现象背后均折射出某种规律性和客观必然性。

文化产业作为一个综合系统，文化资源和特色仅是繁荣文化产业的一个重要基础条件，地区的经济基础和发展水平在一定程度上对区域文化产业发展具有强制约性。因此，推动西部民族地区文化产业的转型发展，关键就在于能否突破制约，实现这些地区资源禀赋结构的成功升级，进而实现文化资源积累和提升文化资源转化效率，推动文化资源的比较优势转化为产业竞争优势。

基于以上分析，西部民族地区在推动文化产业转型发展的过程中，一方面要注意尊重客观规律，立足自身优势与条件，不盲目求大求全、求快求新。要紧紧把握民族地区发展文化产业的独特优势——文化资源禀赋，注重选择真正能够体现文化产业发展优势的产业门类和产业内容，把更多的发展精力和投入放在这些领域，集中精力，找准重点，寻求突破。例如，以民族体育为内容的参与性休闲项目开发；民族语言文字版权开发；民族特色旅游业内容开发；民族工艺美术创意设计开发；民族宗教、习俗等元素创意设计开发；民族历史文化遗产文化元素内容创意开发等，以及这些民族创意与设计向传统行业如纺织服装业、食品业、建筑业等融入发展等。另一方面，要积极探索开拓进取，通过制度创新为西部民族地区文化市场要素集聚、产业集聚乃至资源禀赋结构升级提供保障，创造条件，最终实现文化产业转型升级的目标。

三、以制度创新为文化产业结构优化升级提供保障

所谓制度，通俗地讲就是能够直接或间接规范人们行为方式的各个领域的系列行为规范的总和，它是社会生产关系变迁中最为根本的影响因素之一。不同的制度安排下将会生成不同的资源配置方式和资源流动导向，文化产业也不例外。换言之，文化产业制度的创新直接影响着文化产业结构的运动方式和演变路径，甚至经济运行的一切问题最终都可

以归因到体制（制度）问题，其中产权制度又是整个制度体系中最为基本和最重要的制度。

因此，当前我国文化产业领域中出现的各种资源要素配置的不均衡现象，如国企与民企之间、央企与地方企业之间、地方企业相互之间或产业部门相互之间存在的资源流动与分配不顺畅，实质上所反映的恰恰是深层次的制度失衡问题。即资源要素的合理流动与高效配置的前提是"资源产权"问题得以解决，这样，所有制结构和文化行政管理制度就俨然成为两大核心问题。西部民族地区总体上较东中部地区更为封闭落后，体制制约尤甚。当西部民族地区文化产业所有制结构及文化产业管理制度难以有效地实现资源的合理配置时，通过制度创新，实现资源产权在不同的时空中自由流动与重组，就成为文化产业良性循环发展的重要内容与迫切任务。

因此，西部民族地区文化产业结构优化升级一方面取决于文化领域所有制的改革是否得以不断深化；另一方面取决于政府文化管理制度的有效性。两者均是影响西部民族地区文化产业资源配置效率的重要制度性因素。

从所有制结构来看，西部民族地区国有文化企业与民营文化企业在社会资源的掌控与支配方面，结构性矛盾依然存在。一方面，民营文化企业日益成为最为活跃的市场主体，是文化产业转型升级的积极力量，但是民营企业在进入核心文化产业领域方面仍面临不少限制和阻碍；另一方面，国有文化企业仍然存在着产业分布广与结构性错位并存，垄断与过度竞争并存的现象。这种情况必然会影响文化资源的有效利用及自由流动，影响市场竞争机制和价格调节机制的良好运行，影响产权的流动与重组，最终阻碍适应市场需求的结构调整的实现。

政府管理制度，这是文化产业制度系统中的核心。相较经济体制改革的稳步推进，我国文化体制的改革总体上仍多有犹疑，制度低效与制度不足并存，即政府管理缺位、管理越位与管理错位的问题还时有发生。如政府依照行政级次及行政区划来配置文化资源，容易导致文化市场的行政化，进而带来文化产业结构同构化问题。这一现象在西部民族地区广泛而普遍存在，也是西部民族地区文化产业发展"量大质不优"的突出表现。

因此，综合来讲，西部民族地区文化产业转型发展，文化产业结构优化升级，是与制度创新相伴随的。离开制度创新，资源优化配置就很难实现，文化产业结构优化也就失去依托。当原有的制度出现失衡且无法实现有效的制度激励、无法实现资源最优配置和形成有效的产业支撑时，就必须通过制度创新的方式，重新找回制度均衡，以促进文化产业结构优化和产业升级。

四、以涵育社会文化为文化产业转型创造人文环境

西部民族地区文化产业转型发展，需要确立正确的文化发展观。摒弃"为了发展而发展""为了做大而做大"的错误思维与做法，要从理论上厘清发展文化事业与发展文化产业的关系，厘清发展文化产业的经济目的与社会文化目的的统一性和一致性，明确发展文化产业的社会文化价值的最终归属性。

在推动文化产业转型发展过程中，要注意正确认识和处理好文化事业与文化产业发展的良性互动关系。文化事业与文化产业之间并无不可逾越的鸿沟。相反，两者都是为大众提供文化服务的途径和方式，只是提供的主体不同、规则不同、内容侧重不同。文化事业与文化产业既有区别又存在着密切的内在联系。文化事业与文化产业都是为满足公众的文化消费需求服务的。文化事业所要解决的是满足公众的基本公共文化需求问题；而文化产业所要解决的是满足公众市场化文化消费需求问题。前者的供给主体是政府；后者的提供主体是文化企业。但由政府提供公共文化服务，并不意味着由政府直接生产，发达国家经验显示，某些时候由政府购买企业生产的公共文化服务更有效。而政府对公共文化服务的提供、多样化文化艺术活动的保护与支持、公众的基本文化需求的满

足，都有利于形成一种良好的文化创作土壤和氛围，涵养公众的文化素养和艺术审美，有利于培育文化消费者和文化创意者，进而为文化产业的发展创造人才条件、创意条件和市场条件。因此，文化事业与文化产业本质上是互相促进、互为条件的，在某种程度上也是共生关系。我们在推动西部民族地区文化产业发展的过程中也不能割裂二者的关系，而应着力推动形成二者互相促进的良性互动关系。

一方面，我们要深刻地认识文化产业的发展和兴起给社会生产生活带来的巨大变化，以及由此带来的发展方式、经济模式及社会生产力的革命性变化。并且通过主动适应这种变化来推动西部民族地区经济社会转型发展。

另一方面，我们在关注文化产业经济功能的同时，也要注重文化产业发展的文化价值和社会影响。早在 2008 年，我国的人均国内生产总值就已超过 3000 美元，2016 年已突破 8000 美元，即理论上进入了文化消费的"井喷"时代和休闲时代。然而，无论从全国来看，还是从西部民族地区来看，文化娱乐消费支出占消费支出比徘徊不前，民众意愿购买外国高端奢侈品、赴国外旅游和国外求学的消费现象盛行，折射出我国民众缺少对本国文化产品和服务的消费热情。文化行业工作缺乏吸引力，难以体现出文化产业应产生的良性社会影响。由此提示我们，必须关注文化产业发展的文化价值和社会影响，必须意识到文化产业的文化价值高于经济价值；无论是有形文化产品，还是无形版权产品及文化服务，均建立在对其文化价值的认同上。

因而，西部民族地区文化产业的转型发展问题，由于文化产业自身的多重属性及产业特征，必然也是经济社会文化等领域的综合发展问题。实现西部民族地区文化产业的转型发展，既要大力推动文化产业的提质增效、结构优化、集聚发展，还要着力于推动文化创意与设计服务与传统产业的融合发展，成为加快转变发展方式及经济社会转型发展的新引擎；既要注重文化产业的经济功能的发挥，还要注重文化产业的社会文化功能的发挥；既要重视政府的扶持与推动，又要注重市场的导向驱动；

既要注重促进地区文化产业的发展，又要有战略眼光和开放视野，突破行政区域限制，借力生产要素，最终促进民族地区文化资源优势向产业优势转化，比较优势向竞争优势转化，数量规模型发展向质量效益型发展转化，经济主导型向经济社会协调型转化，形成经济提质增效、文化创新繁荣、社会发展、人文进步的崭新格局。

第六章　西部民族地区文化产业
转型发展中的政府作用

西部民族地区具有与东、中部地区不同的自身特征，因此，西部民族地区文化产业转型发展，在遵循文化发展的特殊性、顺应文化产业发展的客观规律的同时，根本上仍需要制度设计的推进，需要政府职能的创新与发展，包括民族地区地方政府在内的各级政府在政策、财政、技术等方面的支持与调控。唯有产业和政府正确发挥好各自的作用，才能推动西部民族地区文化产业的可持续发展。

第一节　文化产业转型发展中政府的作用机理

受体制、国情等因素影响，国外学者以文化产业转型发展中政府作用为研究对象的著述很少，其研究成果更多地体现在政府对新兴产业发展的促进作用上。并通过不同的理论视角探讨了有关政府对于新兴产业发展促进作用的机理，其中包括干中学、知识外溢、比较优势等理论视角。应用干中学理论，巴德汉（Bardhan，1971）在动态框架分析开放经济中的干中学效应证明，当学习无边界时对新兴产业进行补贴从社会角度看是理想的，并给出了最优补贴机制和时间路径。苏卡尔（Succar，1987）通过加入知识外溢性扩展了巴德汉的分析，在假设条件中允许产业的学习效应外溢到其他产业，发现干中学的跨产业溢出不足以成为政府干预的理由，只有当新兴产业通过干中学所得的产出流折现值超过补贴流的折现值时，政府干预从社会角度看才是值得的。波特（1990）的钻石理论认为生产要素、需求条件、相关产业表现、企业战略、政府和机会六项因素共同影响产业的竞争力水平，而政府对产业发展的影响将通过其对生产要素、需求条件、相关产业表现、企业战略和机会的影响来体现。在内生增长框架下分析动态比较竞争优势问题，雷丁（Redding，1999）认为一国集中于当前比较优势的领域仅能获得静态的贸易所得，长期会导致动态的福利损失，而通过实施产业政策将使具有较大增长潜力的产业得到发展，进而提升福利水平。

在中国经济发展过程中，政府产业政策一直发挥着重要的作用（林毅夫和刘培林，2001；刘志彪，2015）。面临新一轮的科技和产业革命，中国作出加快发展战略性新兴产业的战略部署，重点支持节能环保、新一代信息技术和生物产业等七大战略性新兴产业的发展。在此背景下，国内学者重点研究了政府在战略性新兴产业培育发展中的作用机理。朱迎春（2011）认为由于战略性新兴产业具有准公共性、外部性和高风险性等产业特点，其在发展过程中不可避免地存在市场失灵，政府应选择合理的政策工具来扶持战略性新兴产业发展，具体可概括为引导、激励、服务和规范四个方面。

此外，一部分学者以新兴文化业态的科技融合、模式、文化产业、机理演进为着力点进行研究。根据现代经济学理论，韩平和李顺彬（2014）从融合模式、融合动因、融合效果三个维度探讨了新兴文化业态与网络科技融合的作用机制，进而从宏观政策、科技资本、产业集群等方面提出强化文化新兴业态与信息科技的深度融合。夏仕平（2013）、邓向阳和荆亚萍（2015）等分别从文化产业新业态赢利模式、创新模式等视角探究了新兴文化业态的发展状况和运行规律，均得出文化产业新业态的生成与创新模式有着密切的关联度。郭鸿雁（2012）、韩平和程栋（2012）分别从系统科学、产业经济学、传媒经济学的角度具体阐述了新兴文化业态形成的理论实质以及新兴业态与产业融合的作用演化机理。这些研究成果对于研究文化产业发展中政府作用发挥有一定的启示意义。

鉴于文化产业具有信息化、跨业性、技术性、系统性、创新性、广泛性、融合性、复杂性等特性，因而难以使用某个特定的理论和方法对其作用机理进行具体探究，为此，就需要运用多种理论原理以跨学科的视角来阐述政府宏观调控政策工具培育文化产业发展的理论实质。

一、文化产品（服务）具有一定的准公共产品属性，具有外部性经济特性，需要政府调控以实现文化产业的帕累托最优

依据西方经济学家庇古（Pigou）、马歇尔（Marshall）等划分的标准与归属，文化产品或服务具有一定的准公共产品属性，其产品（服务）的增强具有较强的外部经济属性，同时兼具精神和物质商品属性，能够满足消费者日益增长的物质和文化的消费需求。正是因为文化产品（服务）存在外溢效应，致使创新的社会收益率与私人收益率存在外溢差距效应，无形中极大地抑制和阻碍了创业创新者创新的动力，进而导致文化产品（服务）供给不足与效率低下的市场缺陷。基于此，为实现经济学中提倡的实现帕累托最优的状态，客观上要求政府采用一系列的宏观经济调控杠杆工具来协调自身拥有的各种优质资源，起到培育文化产业快速发展的催化剂作用。例如，通过采取投资文化产业领域基础设施、政府购买文化产品和服务，发展公共文化事业；通过支持、促进文化产业相关技术的进步等，促进文化产业与相关产业的深度融合发展，进而实现外部经济效应的最大化。

二、市场经济自身存在市场失灵的固有缺陷客观上要求政府对培育文化产业给予必要的适度干预，促使其做大做强

根据市场失灵理论，由于外部性经济效应、公共产品（服务）、市

场垄断、价格黏性、非对称信息等因素的存在，在非完全竞争的市场结构中只依靠市场价格机制本身来调整优化资源配置，实现帕累托效率最优是根本无法实现的，会导致市场经济配置资源的功能失灵，即存在严重的市场失灵现象。西部民族地区蓬勃兴起的文化产业由于处于产业生命周期中的初创成长阶段，面临着基础设施条件差、资本人才等要素集聚条件差、创新技术不成熟、文化产业商业模式不确定等处境，不可避免地遭遇市场配置资源功能失灵的市场经济固有缺陷。这无疑将阻碍西部民族地区文化产业的培育和快速发展，客观上迫切需要作为调控主体的各级政府灵活运用自身拥有的宏观调控经济杠杆工具来给予必要的适度干预与间接扶持，优化与合理配置资源，创造良好的市场经济法制环境，充分发挥好自身宏观调控文化产业发展的经济职能，以克服市场缺陷化解市场失灵问题。

三、政府制度创新为培育文化产业技术创新提供制度保障

新制度经济学理论的倡导者科斯（Coase）、诺斯（North）等诺贝尔经济学奖获得者，运用经济学宏观理论来探究自由人、政府制度与经济行为活动之间的互动关联关系，特别注重政府制度的宏观调控在产业经济发展的制度性决定作用，认为人们的经济动机和经济行为是由政府制度塑造、诱导、约束并决定的。政府制定的一系列制度规则影响人们的产业经济活动和经济绩效，是评判人们经济方式、经济活动、经济行为与逻辑的最终决定因素。以布兰德（Brand）、科斯、斯宾塞（Spencer）等为代表的新制度经济学派也提出，在旧有制度向新制度转变过程中，经济社会的变迁便是制度的变迁，政府的产业制度与宏观调控政策对产业和企业的市场竞争形成战略规制，完善产业和企业的技术、制度创新，只有通过构建持续激励人们创新的产权制度并提高私人所获的收益回报才能够实现。政府制度是对经济社会和社会需求的积极响应，是一种服务性制度供给。这种服务性制度供给的目的是减少和降低产业经济活动

中的交易费用，增强一种结构管理成员（产业、行业、企业）之间的融合与紧密合作。从这个意义上讲，政府新旧制度变迁取决于产业经济、高新技术、社会大众的需要，进而成为推动经济增长、技术变迁、社会变迁的关键因素。理论和实践表明，文化产业的快速发展以及推动文化产业与相关产业融合发展，是推动西部民族地区文化产业乃至经济整体转型发展的重要引擎。而西部民族地区的经济社会发展特点，决定了文化产业的要素集聚、产业集聚决然离不开政府创新体系的构建与规制的创新，可见政府层面的制度创新因素对西部民族地区文化产业的培育与发展起着举足轻重的促进作用。

综上所述，从理论上探究政府运用宏观调控政策培育和促进文化产业转型发展的生成与运作内在作用机理，分别采用外部经济、政府干预、市场失灵、制度规制、制度创新等西方经济学理论对其生成与运作的作用机理进行阐述，以揭示其培育文化产业发展的理论实质。文化产业是一个兼具经济属性和文化意识形态属性的特殊产业。与一般产业相比，文化产业具有先期投入较高、投入周期较长且不确定、预期收益风险高等特征。在发展前期，文化产业实力相对薄弱，产业联盟和经济联盟都未形成，自由市场主体无法承受和维持文化产业的发展；相对于一般性的其他产业，文化产业先期投入的机会成本也较高。在天然的唯利是图的逐利驱动下，自由市场主体不可能在文化产业发展初期投入大量的资金，只有等待政府支持资金到位的经济红利不断释放后，市场机制才能真正起到促进产业发展的作用。同时，由于文化产品兼具意识形态传播属性，以及产业的外溢性与传导性，特别是西部民族地区特殊的经济文化基础与条件，都使得在西部民族地区文化产业的转型发展过程中强调政府的扶持和引导作用相对于其他产业而言更为必要。

第二节　文化产业转型发展中政府的角色演进

在新兴产业培育发展的不同阶段存在不同的要素投入、技术创新、产业链配套、相关基础设施建设等内在要求以及不同的市场瓶颈和制度性障碍等问题（朱瑞博和刘芸，2011）。与文化产业的成长阶段相对应，西部民族地区政府应有针对性地进行制度安排和政策设计来推动文化产业的迅速发展，真正实现文化产业促进经济增长方式转变和结构优化升级的目标。因此，政府在新兴产业发展的不同阶段所具有不同的角色定位被大量文献关注。

随着新兴产业的成长，政府作用的着力点将逐步发生推移，并与市场机制展开角色上的互换。时杰（2010）认为，政府机制在不同阶段的角色为：在产业初创阶段，对缺少竞争优势的弱势产业进行必要的培育和扶持，以促使它们快速发展；在产业增长阶段，建立科技管理制度，颁布旨在促进产业发展的激励政策，加强市场环境建设；在产业成熟阶段，实行对产业培育、资助、扶持与保护等政策措施，组合高技术产业发展要素，推动和引导产业发展。张少春（2010）认为，新兴产业在发展初期属于弱势产业，因此在遵循市场调节的前提下，政府应对关系国计民生的重点领域或关键环节的新兴产业，发挥宏观指导、政策激励和必要的组织协调等作用。此外，肖兴志（2011）提出，在产业培育初期，由于技术和体制尚不成熟，应按有限重点、循序渐进原则，在具备基础条件的关键领域努力实现点式突破；在培育中期，应全面采用高端技术发展新兴产业，并搞好共性关键技术攻关和成果转化，推进产业共同进步；在培育成熟期，则应加强不同产业的融合，通过整合资源、延伸产业链、调整结构和优化布局等，加强新兴产业发展和传统产业升级之间的互动，提高产业整体水平。而在政府与市场的角色转换上，短期应以政府扶持为主，长期则由市场发挥主导作用。即新兴产业在起步阶段亟须政府扶持，而随着企业发展新兴产业的内生机制初步形成、外部环境逐渐改善，市场机制的作用将不断增强，并长期发挥主导作用。费钟琳和魏巍（2013）也认为新兴产业发展的不同阶段具有不同的政策需求，并在产业生命周期理论的框架下剖析了新兴产业在引入期、成长期、成熟期和调整期的阶段性特征，并针对性地提出了政策建议。

　　因此，西部民族地区在推进文化产业转型发展过程中，要注意处理好政府与市场的关系。在强调发挥政府对文化产业的扶持引导作用的同时，一定要清醒地认识到，政府的扶持毕竟是外因，文化企业的发展壮大、文化产业的真正兴起归根到底还要靠市场的驱动，最终有赖于产业的内生动力和核心竞争力的形成。

　　在文化产业培育发展的初期，离不开政府的重视与扶持——打造良好的文化产业政策法规环境，做好文化产业发展规划，做好基础性文化资源的整理与研究，培养文化创意人才，优化与畅通文化企业融资渠道等。但是从长远看，西部民族地区文化企业的发展壮大、提质增效、产业链攀升、增强自主创新与竞争能力，必须建立在适应市场机制选择的基础上。例如，在制定民族地区文化产业发展规划时，要注意遵循市场经济规律来规划项目建设、编制规划、部署战略、分配任务。要紧紧扣住文化产业发展所应具备的经济基础较好、人文条件较优、科技基础夯实的必要条件，紧密围绕文化市场需求进行项目与内容开发，促进文化产业集聚发展，不断延伸产业链、优化产业结构，形成集群发展优势。防止盲目追求文化产业的宏大规模而造成文化产业虚假繁荣，最终导致巨大的财物浪费和文化资源破坏；与此同时，还要突破行政区划边界的封闭思维，将西部民族地区文化产业发展放在全国（甚至更大的范围内）文化产业体系与格局中考量，明确其产业方位、产业优劣势、产业重点与突破口，进一步明确文化产业要素的整合途径与方向。又如在确定和布局文化产业重点项目的过程中，要遵循市场规律，按照有利于产业集聚发展的要求进行规划确定，这样才有助于推动文化产业规模化、集约化经营，实现文化产业增长方式的转变。此外，政府在安排或使用文化产业发展专项资金时，同样要注意运用市场化的方式来提高资金使用效率，如用文化产业专项资金为文化企业提供银行贷款担保的方式来替代直接给企业提供资金的方式，在扶持文化企业发展的同时也能对企业提出一种约束，极大地提高资金使用效率。再如，在解决文化产业发展所需要的文化人才（特别是高端人才）问题上，一方面，政府要切实加大各类文化产业专业人才培养力度，为民族地区文化产业发展提供人才保障；另一方面也需认识到，人才和事业从来都是同步发展的，西部民族地区目前的文化产业发展程度和水平以及现有的经济社会文化基础，客观上很难形成人才洼地效应。这就必须顺应市场规律，打开思维空间，创新人才开发理念，充分利用现代信息网络技术与沟通渠道，打造网络工作平台，突破时空限制，探索"柔性人才引进"计划，不求所有，但求所用，突破文化产业创意开发所需要的各类人才瓶颈，切实解决文化产业发展过程中的核心要素缺失问题。这是真正需要政府发挥实质性作用的方面，也是政府能够大有作为的领域。在"柔性人才计划"实践的过程中，在与国内（甚至国际）一流创意人才沟通工作的过程中，随着民族地区文化产业发展壮大，也会真正培养起一批高端文化创意人才。

总之，在西部民族地区文化产业转型发展过程中，一方面要充分发挥政府的制度创新对于文化产业培育和发展的干预、扶持、创新与激励作用；另一方面要注意处理好发挥市场在资源配置中决定性作用和更好地发挥政府作用的关系，将政府的扶持与引导作用建立在市场规制的基础之上。只有这样，才能从根本上实现西部民族地区文化产业资源配置的高效、发展质量和效益的提升及产业结构的升级。

第三节　发达国家政府作用的经验借鉴

由于各国的经济、社会和文化发展状况有着较大差异，文化产业作为产业分类概念，其内涵在国际上并没有统一的标准。但是，发达国家在推动文化产业发展中虽称谓各异，政策也各有侧重，但最终殊途同归，实现了本国文化产业的极大繁荣。这对于我国更好地认识与发挥政府的作用，以及文化产业政策的制定均具有显著的借鉴和启示意义。

一、美国：市场导向与国际霸权

美国是世界各国中文化产业发展最早、最为成熟的国家，其文化产业竞争力和总体实力居世界首位。在美国，没有文化产业的提法，他们一般只说"版权产业"，主要是从文化产品具有知识产权的角度进行界定的。美国的版权产业主要分为四大类，即核心版权产业（那些主要目的是受版权保护的作品或其他物品的创造、生产式制造、表演、宣传、传播与展示或分销和销售的产业，包括出版与文学、音乐、剧场制作、歌剧、电影与录像、广播电视、摄影、软件与数据库、视觉艺术与绘画艺术、广告服务等行业）、交叉版权产业（那些生产、制造和销售主要功能为促进有版权作品的创造、生产或使用的设备的产业，包括电视机、收音机、录像机、CD、录音机、电子游戏设备及其他相关设备等行业）、部分版权产业（那些有部分产品为版权产品的产业，包括服装、纺织品与鞋类、珠宝与钱币、家具、瓷器、玩具与游戏、建筑、工程、室内设计、博物馆等行业）、边缘支撑产业（那些主要为了便于受版权保护的作品或其他物品的宣传、传播、分销或销售而又没有被归为"核心版权产业"的产业，比如版权产品的一般批发与零售、大众运输服务、电信与因特网服务）。就行业范围而言，美国文化产业主要包括新闻媒体业、广播电视业、图书出版业、影视娱乐业、旅游休闲业、健身体育业、艺术演艺业、博物馆业等。文化产业（版权产业）是美国经济的支柱产业，是仅次于信息技术产业的第二大产业。据统计，2010 年美国的文化产业生产总值为 2.8 万亿美元，占到了同期国内生产总值 14.7 万亿美元的 20%。美国文化产业发展的经验如下。

1. 强调建立以市场为导向的文化产业运作模式。

始终坚持在市场竞争机制下，依靠商业运作，让文化产品通过市场检验，为社会认知和接受，引领社会文化潮流，继而影响国内外民众。

一是突出企业的主体地位，坚持以利润最大化为最终目标；二是市场自发推进文化产业的规模化、集群化；三是鼓励各方资本投资文化产业；四是围绕消费者开展针对性的文化产业营销。

2. 构建完善的文化法律法规。

以完善的法律体系为产业发展保驾护航。在美国所有的文化产业法律中，知识产权保护的制度起到了十分重要的作用。以《专利法》《商标法》《反不正当竞争法》等为主的一套完整的知识产权法律体系，很好地保护和促进了文化产业的崛起与发展。

3. 建立有针对性的税收政策支持体系。

尽管在实际操作中，美国政府中的 15 个内阁级部门中没有一个专门负责文化产业的发展和监管，但这并不意味着美国政府对文化产业的发展放任自流，相反，美国积极通过法律法规和各项优惠政策来鼓励文化产业的发展，包括对传统经典文化艺术的保护和新兴创意文化项目的扶持推广等。经济上，美国政府主要通过国家艺术基金会、国家人文基金会和博物馆学会等组织机构对文化艺术产业给予资助。美国政府还从联邦税法的角度为非营利性文化团体和机构提供便利，免征所得税，并减免资助者的税额，鼓励基金会、大公司和个人投资，引导社会财富用于文化产业发展。此外，对出版物免征商品销售税；对出口图书免征增值税和营业税（先征后退），对进口图书免征进口税等。在这些政策的推动下，大批慈善机构和基金会应运而生，公司、团体和个人也积极资助文化艺术事业。此外，美国政府还利用部分其他产业的销售税来建立针对艺术产业发展的"信托基金"等。

4. 高度重视科技在文化产业中的应用。

在文化产业发展过程中，科技所起到的支撑作用越来越明显。美国一直十分重视推动高新技术在文化产业中的应用，并引发了文化企业在内容创作、表现形式和生产方式上的巨大转变，产生了很高的艺术价值和经济价值。如卫星技术、网络技术、数字化技术和多媒体技术等高科技的广泛运用，全方位地提升了美国文化产业的发展水平。

5. 积极发挥基金会、行业协会等非营利性组织的作用。

与营利性组织不同，非营利性组织是公共服务供给体系中区别于政府和企业的第三部门，由于它不以营利为目的，公益色彩很浓厚，在推动文化传播、发掘文化自身属性、为大众更好地服务等方面，起到了独特而积极的作用。

6. 全方位推进美国文化全球化。

美国依托强大的国家实力和国际影响力，依靠超强的企业竞争实力，开展全球文化贸易，推行全球化的资本运作和跨国商业经营，不断巩固提高其全球文化产业霸权的地位：文化创意来源的全球化；文化产业人才的全球化；文化产业规则的全球化；文化产品生产的全球化；文化产品市场的全球化；文化资本的全球化。

二、英国：政府推动与全员参与

英国是世界上最早由政府机构系统阐述创意产业理念，并以此为理论基础进行文化产业发展战略规划的国家。在英国，同样较少提文化产业的概念，一般称创意产业。英国政府把创意产业定义为"那些发源于个人创造力、技能和天分，能够通过应用知识产权创造财富和就业机会的产业"。在创意产业范围的界定上，英国政府将广告、建筑、艺术品和古董交易市场、手工艺品、工业设计、时装设计、电影和录像、互动性娱乐软件、音乐、表演艺术、出版、计算机软件及计算机游戏、广播电视13个产业纳入创意产业的范畴。目前，创意产业是英国6个战略经济产业之一，表现出强劲的上升态势，成为英国经济新的增长点，已经超过传统的金融服务业，成为第一大产业。英国文化产业发展的主要经验如下。

1. 成立创意产业特别工作机构。

1997年布莱尔当选英国首相后，成立了"创意产业特别工作组"，并亲自担任主席，该小组成员包括外交部，文化委员会，财政部，贸易和工业部，教育和就业部，科学和技术部，环境、交通和区域部，苏格兰事务部，威尔士事务部，北爱尔兰事务部，妇女部，唐宁街 10 号政策研究室等部门的首长，以及与创意产业有关的重要商业公司的负责人和社会知名人士等。行动小组的成立，实现了各部门的很好协调，统一调动各部门掌握的资金和资源，为创意产业的规范发展奠定良好的基础。2011 年卡梅伦联合政府执政后，成立了创意产业委员会，由来自不同领域的企业家、投资者、专家学者等组成，针对产业发展中的具体问题提供更为专业的指导与咨询。

2. 夯实创意产业发展的基础条件。

一是加强创意产业基础研究。英国政府定期公布文化创意产业的产出、出口、就业等统计数据，对创意产业的出口政策、地区发展产业地图、知识产权、教育培训以及如何培养公民创意生活意识等方面进行了大量的基础研究。这些研究为英国政府制定创意产业政策提供了完整的理论支持和数据资料，保证了政府文化创意产业政策的科学性、连贯性和一致性。

二是提升居民创意生活的意识。采取包括开放更多的博物馆及将所有数据档案数字化等措施，希望通过教育培训、支持公民的创意发展，使人们可以并且更有意愿去享受创意生活，为创意产业的发展奠定市场基础。

3. 提供财税政策优惠。

图书出版方面，英国的图书与其他出版物始终处于零税率状态，带来了英国出版业长期稳定增长，使英国跻身于世界出版大国行列。电影电视制作方面，也都给予了不同程度的税收优惠，在极大地促进英国本土影视业发展的同时，也吸引了海外针对高预算影片的投资，尤其是吸引了好莱坞的大制作投资。

此外，英国在重视数字化技术对创意产业的影响方面、积极推动文化国际贸易方面、帮助中小企业筹措发展资金方面、注重创意人才培养方面，以及大力发展创意城市方面等均采取了大量的切实举措，多力并举，带来了英国创意产业的繁荣发展。

三、日本：战略规划与海外推广

日本的文化产业在全球居领先地位，是日本经济发展的重要支柱行业。在日本，文化产业统称为娱乐观光业，主要包括内容产业、休闲产业和时尚产业三大类。其中，内容产业是指动漫、网络、电视、多媒体系统建构、数字影像处理、数字影像信号发送、录影软件、音乐录制、书籍杂志、新闻等产业门类；休闲产业是指学习休闲、鉴赏休闲、旅游休闲、运动设施和学校及补习班、体育比赛售票、电子游戏、音乐伴唱等产业门类；时尚产业是指时尚设计和化妆品等产业门类。近年来，日本更倾向于用"内容产业"来取代"文化产业"，凡是与文化相关联的产业都属于内容产业，更强调内容的精神属性。

日本发展文化产业的主要经验如下。

1. 政府明确文化产业发展导向——从文化立国到"酷日本"。

日本对文化产业的发展高度重视，将其定位到立国、强国的高度。发展文化产业，不是简单的产业选择，更不是权宜之计，而是关乎全局、关乎长远的战略举措，是促进国民经济持续发展的基础性产业，有利于统一社会各方面对文化产业发展的认识，促进产业政策的制定在更高的层面形成政府与民间的共识，调动更多的社会力量和资源要素投入文化产业的发展当中。

2. 制定促进文化产业发展的相关法律法规。

日本早在 1950 年就制定颁布了《文化财产保护法》，将保护非物质文化提高到法律框架范围，此后，又先后颁布了《著作权法》《形成高度信息通信网络社会基本法》《振兴文化艺术基本法》《关于促进创造、保护及应用文化产业的法律案》《观光立国基本法》等一系列法律法规，为文化产业发展提供指导并保驾护航。

3. 多个部门共同推动。

为推动文化产业发展，日本政府的组成部门根据各自职责，从不同角度积极参与，包括文部省、经济产业省和外务省等。并综合运用财政、税收和金融等各项政策，强有力地支持了文化产业的发展。

4. 重视发挥行业协会的作用。

尽管在日本文化产业发展进程中到处都可以看到政府的身影，但日本政府并非事事亲力亲为，而是十分重视发挥行业协会的作用。政府机构主要采用政策和资金支持援助，行业协会等民间组织负责管理、审查等方面的工作，很好地划定了各方的权利边界并发挥了各自作用。

5. 加强日本文化产品的海外推广。

日本从20世纪90年代开始，由文化外交推动公共外交，使动画、漫画、游戏等流行文化成为体现日本软实力的重要组成部分。极大地带动了日本内容产业的全球化，提升了国家文化产业的国际竞争力。

四、韩国：人才培养与特色发展

韩国是亚洲文化产业的后起之秀，在1997年亚洲金融危机之后，韩国文化产业得到突飞猛进的发展，不仅成为本国经济的支柱性产业，也成了世界五大文化产业强国之一。在韩国，也将文化产业称为"内容产业"，是指文化艺术商品制作和流通产业，包括动画、音乐、游戏、漫画、卡通形象、电视、电影等内容。随着数码技术的兴起，文化产业的行业范围进一步拓展到电子书籍、互联网信息和手机内容等具有高附加值和高增长潜力的领域。

韩国发展文化产业的主要经验如下。

1. 政府大力推动文化产业发展。

与美国发展文化产业主要依托市场和行业自发运行不同，由于韩国文化产业的后发地位和韩国经济社会发展的内在特点，其文化产业发展很大程度上是在韩国政府的主导下推进的。在尊重市场规律的前提下，韩国政府通过产业政策制定、国家预算倾斜等宏观层面进行引导，在优化组织管理、强化人才培养等方面构筑起集约化的文化生产经营机制，形成从生产到消费、从国内到国外、从文化产品到衍生商品的完整产业链条和产业集群，最终形成从量到质的整体提升和优化。具体包括：制定明确的规划导向；设立强有力的推进部门；加大文化产业投入；强调对传统文化的保护和发扬；推动文化产业园区发展等。

2. 突出发展影视和网络游戏等重点优势产业。

韩国发展文化产业并不是面面俱到，而是强调突出重点，将各种资源要素集中用于发展影视和网络游戏等重点优势产业，取得了良好的效果。在影视产业发展方面，主要采取放松市场准入、加大本土市场保护、突出民族特色的政策举措；在推动网络游戏产业发展方面，主要采取政府大力支持、大力发展网络游戏专业教育、积极拓展国际市场等相关政策举措。这些政策措施极大地推动了韩国影视业及网络游戏业的发展，同时极大地拓展了海外市场。

3. 加强对文化产业发展的人才培养。

政府通过构建"文化艺术和文化产业双赢"的人才培养机制，重点抓好电影、卡通、游戏、广播影像等产业的高级人才培养，为韩国文化产业的发展提供了人才保障。主要措施有：完善人才培养机制；加强院校培养；强化校企合作；利用网络及其他教育机构进行培训；加强专业资格培训；加强教材开发以及加强与外国的人才交流合作等。

4. 大力开拓国际市场。

由于本国国内市场规模有限，韩国着力开拓国际文化市场。基本战略是：瞄准国际大市场，把以中国、日本为重点的东亚地区作为登陆世界的台阶，大力开发、促进出口，利用国内市场收回制作成本，通过海外市场获得营利。主要措施有：针对不同地区特点加强调研开发适销对路产品；重视发挥明星等品牌效应；在文化出口战略地区建立"前沿据点"；积极开展跨国生产合作；积极参加和举办国际性展销活动；政府集中资金支持重点文化出口项目；建立文化产品国际营销网络等。种种战略举措，迎来了韩国文化产业国际化繁荣与发展的局面。

上述研究成果表明，政府扶持在各国文化产业的发展中起着至关重要的作用，尽管扶持方式和途径不尽相同。这些经验也为我们全方位把握文化产业发展的客观规律，明确政府的作用对象、影响机理、角色演进、政策选择以及中央政府与地方政府的配合效率等，提供了理论与实践的指引；为西部民族地区政府制定推动文化产业转型发展的政策举措提供了大量可资借鉴的经验与启示。

第七章　西部民族地区文化产业
转型发展的路径设计
与政策体系构建

在西部民族地区处于经济转型升级关键时期的大背景下，促进文化产业转型发展需要进行具有针对性的路径设计和相关政策体系构建。本章围绕完善文化产业支持体系建设、大力推进文化产业化进程、强化制度设计等方面进行西部民族地区文化产业转型发展的路径设计，并提出了包含土地政策、财政政策、税收政策、金融政策、人才政策在内的一套文化产业转型发展政策体系。

第一节　西部民族地区文化产业转型发展的路径设计

一、完善文化产业支持体系建设

当前，西部民族地区正处于经济转型升级的关键时期，文化产业发展的市场条件不如发达地区。在这种条件下文化产业要形成竞争优势并且成为支柱性产业首先要完善文化产业支持体系建设。这是发挥西部民族地区文化产业个性特征的重要保障，具体包括文化建设、人才市场建设、资本市场建设和配套基础设施建设四个方面。

（一）文化建设

文化建设和文化产业发展具有内在联系，文化建设是文化产业发展的基础，为文化产业发展提供条件。文化建设包括宏观社会主体的文化建设和微观社会主体的文化建设。前者主要从价值观和文化内容角度进行建设，后者主要从社会微观主体的文化修养角度进行影响。这两方面都切实地影响文化产业发展。文化建设是促进西部民族地区文化产业转型发展的有效路径之一。

从宏观角度分析，文化建设推动文化产业转型发展要从以下两个方面入手。

1. 利用文化建设影响文化产业结构升级方向。

文化建设有利于文化产业进化，让人类的需求更多地从物质层次上升到精神层次。当前新兴产业中的虚拟现实相关文化行业的出现就是文化产业结构升级的表现。未来，随着人们非物质需求持续增加，文化产业会出现更多新兴行业，文化建设将影响未来文化产业结构升级方向。

2. 利用文化建设引领文化产业需求方向。

文化产业是供给创造需求的特殊行业。文化建设属于供给层面的发展路径，通过文化建设可以创造需求。以服装设计为例，以中国传统文化为元素的设计风靡全球，得到不同国家、不同文化的消费者需求认同。对于西部民族地区，"文化＋农业""文化＋工业""文化＋旅游"等体验经济就是在普及文化知识过程中产生的文化产业需求。

从微观角度分析，微观层面的文化建设其实质就是品牌建设。对西部民族地区文化产业而言，民族特色文化由于具有独特个性难以仿制，品牌化发展相对竞争激烈的工业产品要容易些，因此，民族特色文化品牌化是有效推动西部民族地区文化产业转型升级的路径。

1. 要通过文化建设深入研究和普及民族传统文化。

构建与完善公共文化服务体系，对民族传统文化进行整理、挖掘、研究和传承创新，特别要大力支持公益性文化设施项目，完善公共文化服务平台。

2. 重视民族地区文化产业品牌策划。

首先，支持品牌策划公司参与到文化产业发展过程中，加速民族文化产业化进程。其次，发挥民族文化产业独特个性，对民族文化分解筛选，把个性作为品牌化的首要考虑因素，根据个性特征进行品牌策划和定位。

3. 树立新颖的文化品牌形象。

一方面，实施一批有影响力的文化事业项目，以市场为导向、以项目为载体，进行全方位、系列化的文化品牌宣传。另一方面，加强西部民族地区和国内外交流，通过文博会、世博会等招商引资活动强化文化品牌的知名度，将民族文化品牌不断推向世界。此外，还要注重品牌内涵差异性培育。不同的文化资源开发应有不同的发展途径和开发模式，从而形成不同内涵的文化品牌。在品牌培育过程中要重视民族文化产业的个性特征，从而形成特色民族文化品牌。

（二）人才市场建设

人才是文化产业发展的核心要素之一。当前，西部民族地区文化产业人才存在数量少、分布不均衡等问题。教育落后、人才素质低下成为制约西部民族地区文化产业转型发展的重要因素。因此，科学制定有效的人才激励政策、构建科学选人用人机制，是吸纳文化产业人才的重要保障，是加快形成西部民族地区文化产业人才优势的前提条件。

1. 强化文化产业人才建设顶层设计。

第一，建立完善的知识产权保护制度，要严格实施知识产权保护，保护创新劳动的权益，提高文化产业人才的积极性。第二，加强培育创意阶层的平台建设。当代社会是知识或创意和人力资本替代传统要素的时代，因此创意阶层培育将是一个地区提升竞争力的主要路径。第三，建立促进创新人才制作原创产品的支持机制。

2. 创新引才机制。

一方面，通过创业支持资金、技术支持资金、住房、子女就业等方面的优惠待遇和条件来吸引高级人才流入。另一方面，用环境吸引文化产业专业人才。

3. 健全育才体系。

文化产业育才体系建设包括育才主体培育和受众主体培育两个方面。一方面，要多元化育才主体。加强对人才的培育，鼓励高等院校、研究机构、培训机构、政府、企业、个体等文化主体参与到文化产业人才培训中来。上述的多元化育才主体合力可以加速人力资本形成，进而加速文化产业规模的扩大。另一方面，关于受众主体的培育首先需要建立人才孵化平台，建立文化产业人才培训中心，其次应设定个性化培育机制，最后要建立文化产业人才储备机构。

（三）资本市场建设

目前，西部民族地区文化产业开发主要依赖政府投入，用于文化产业发展的市场资本有限，投资渠道较为单一，民营资本进入文化产业积极性不高。为使文化产业快速发展，必须积极拓展融资渠道，多方吸纳社会资本，逐步完善文化产业资本支持体系。

1. 文化产业投融资渠道建设。

一方面，着手消除投融资渠道障碍。建立风险分担机制，建立文化产业投资风险基金，制定无形资产评估质押贷款等办法，全方位、多渠道加大对文化产业的支持。政府要鼓励民营资本投入文化产业，消除民营资本进入民族文化产业准入领域的不合理门槛，实现市场主体间公平竞争。另一方面，拓宽西部民族地区文化产业投融资渠道。政府要创造有利条件来积极培育民族文化产业战略投资者。政府在财政资金投入方面，要科学有效地利用财政对文化产业的资金支持，发挥财政资金对文化产业的杠杆调节机制，逐步确立和完善文化事业领域的投融资机制。积极借鉴东部发达地区先进投融资政策，如建立可贷资金贴息、创意产业投融资网络服务平台等制度。

2. 培育民族地区文化产业链。

从资本投入方向来看，有关主体要有针对性地扶植社会效益和经济效益比较好、具有较大发展潜力的关键行业的民族文化企业，通过政策优惠、资金扶持等途径，培育相关文化行业的龙头企业，从而带动关联企业发展，形成产业链发展模式。从企业角度来看，政府要提供平台和政策支持，鼓励民族文化企业通过并购、联营、股份化运营、组建集团公司等模式，实现优势联合与互补，快速形成民族文化产业集群。

（四）配套基础设施建设

西部民族地区文化建设支持项目集中在以下几类：公益活动博物馆和纪念馆等场馆建设、网络游戏等新兴产业的设备和产权购买、产业园区的基础设施建设。这些都是配套基础设施建设项目，大大推动了西部民族地区文化产业的发展。文化产业配套基础设施建设路径可从两个方面着手，一方面是文化设施建设；另一方面是文化产业园区建设。

1. 文化设施建设。

关于文化设施的建设，首先要选择特色文化为内容进行建设。西部民族地区文化设施建设要避免文化内容雷同现象，例如，红色旅游文化建设，多地建有博物馆、纪念馆，内容多有重复，与当地城镇文化结合不足，造成资金和资源浪费。其次要以市场为导向兼顾社会效益进行文化设施建设。最后，在建设文化设施时要对优秀民族文化内涵进行深入研究。不能盲目利用民族文化符号，将其简单粗放地作为产业发展的符号代表。

2. 文化产业园区建设。

首先，要建设专业文化产业园区。在文化产业园区建设过程中，重视龙头文化企业引进，并且通过文化产业链承接企业，从而形成专业化的文化产业集群。其次，要加强软设施的配套建设。重视文化产业园区的监督管理，构建文化产业园区发展指标体系，定期评估文化产业发展情况，构筑文化产业发展平台。最后，要抓住文化产业园区发展的突破点。可以借鉴成都市锦江区的做法。例如，锦江区的 35 号文化创意广告园区建设的突破点在于上下游企业形成的产业集群的合力优势，太古里园区的突破点在于商业文化基础上的消费。这些产业园区的成功在于找准了突破点，使得文化产业园区充满生命力，促进了整个地区文化产业发展。

二、大力推进文化产业化进程

文化产业是具有文化性和产业性双重属性的产业，在市场机制下要把文化产业做大做强，促进文化产业转型发展，使其成为支柱性产业，必须要大力推进文化产业化进程。

（一）文化产业化

1. 文化产品化。

文化产品化是企业把文化作为一种符号或表征赋予某种商品载体的过程，是无形文化和有形商品的结合，是文化产业化的第一步。具体分为以下三个方面。

（1）文化产品化首先要选择文化符号。文化符号的选择依据是文化消费受众特征。一般来讲，企业生产的文化产品大多是大众文化产品，可以规模化生产，并且风格较为一致。如影视作品，有艺术电影和娱乐电影之分，其表征文化符号有所区别，如人物的造型、装饰等文化符号载体都会发生变化。西部民族地区文化丰富多样，要选择既具有民族个性，又能表征当今社会积极文化的符号。这类文化符号不仅具有民族特色，而且社会接受度比较高。

（2）文化产品化要选择商品载体。文化产品有两种表现形式，一种是无形的文化产品，另一种是以满足人们需求的商品为载体的文化产品。因此，文化产品化过程中的商品载体选择的是和人的直接消费相关的产品。对于第一产业，与直接消费相关的加工食品、观光农业、农产品等都可以作为文化的载体。对于第二产业，工业半成品等不能被消费者直接感受和体验的商品不宜作为文化载体，而直接到达消费者的工业制成品或能够体验的加工环节等是可以切入文化元素的。如法国香奈儿加工工厂的现场体验就是加工环节的体验，还有工业制成品的广告、包装等行业是文化切入工业品的主要形式。对于第三产业，文化与之融合发展较为容易，尤其是生活性服务业的直接服务对象是人，加入文化要素可以提高文化服务的水平和层次，增加附加值。对于生产性服务业，工业设计、研发等是文化切入的主要形式，是产品生产价值链中附加值最高的部分。因此，西部民族地区发展文化产业还有很多行业可以成为载体，并能够切实地带动地区生产总值的增长。

（3）文化产品化要做好市场调研，建立风险规避机制。文化符号和文化载体的选择是属于供给层面的，从需求层面看市场风险规避机制是具有决定性的步骤。西部民族地区文化产品具有民族个性，其文化特性的可辨识度和可接受度都会影响市场需求。这也是文化产业风险的主要来源和决定成败的关键。因此市场各个参与主体要形成风险规避机制，可以以政府主导市场主体参与的形式建立。政府提供资金、市场提供专业人才来建立文化产品筛选机制，类似于国外的创业平台。由于这类筛选机制往往具有较高的风险，一般企业很难成功形成盈利模式，因此需要政府在其中起主导作用。

2. 文化产品生产。

文化产品化后，就要规模化进行文化产品生产。要改变当前西部民族地区文化产品原生态性导致的单一性、缺乏时尚的生活气息、不易被市场认可的缺陷，关键要做好现代创意下的民族文化产品创新性的生产。

（1）充分发挥科研机构的作用。对西部民族地区文化资源的开发与研究，应在政府引导下，利用科研设计力量，建立学习型组织进行创新。积极利用国家社会科学基金艺术学项目和文化和旅游部文化艺术科学研究项目的学术指导作用，深化对当代文化发展问题的研究，逐步完善我国艺术学学科体系。推进艺术类科研院所建设，让艺术科研工作在文化决策咨询、文艺刊物建设、文化活动策划等领域发挥应有作用。

（2）创新民族文化产品的种类，走多元化发展道路。首先，依据文化产品的思想价值、艺术价值和使用价值进行类别细化，发展差异化文化产品。其次，在同一文化背景下，寻找不同文化载体，从而寻求产品的多元化。最后，以不同市场环境和消费习惯作为文化产品类别差异化的依据，在广告包装上体现差异性，实现西部民族优化独特文化多元发展。

（3）推动文化产业各行业协调发展。政府要加强对文化事业的宏观引导，建立并加大投入文化专项基金和国家文化基金，逐步完善文化创意创作的长效保障机制。尤其要重视民族地区文化艺术的繁荣发展，不仅要大力推动精品文化产品创作，还要推动音乐、戏剧戏曲、舞蹈、美术等传统民族艺术的可持续发展。

（4）建立评奖机制，为文化产业发展确立标杆。文化产业的发展要实现社会效益和经济效益统一。要把人民群众满意度作为艺术评价的最高标准，同时把专家专业评价与市场机制统一起来，形成科学权威的价值评价标准。对于评奖机制，则要遵循公开、公平、公正原则，不断增强国家级文艺奖项的权威性和公信度。坚持文艺作品的主流价值创作方向，注重文艺评论骨干力量培养，不断改进和加强文艺批评，增强文艺评论的针对性。

（二）文化市场培育

文化市场是指按市场运行规律进行文化产品交换或提供有偿文化服务活动的机制。西部民族地区文化市场处于起步阶段，要不断培育细化文化市场，完善民族文化市场机制。

1. 确立市场培育中的政府引领地位。

西部民族地区文化产业起步较晚，经济基础较差，民族文化市场产业链结构还未完全形成，市场运行机制也还有待健全。因此，在少数民族地区尚不能完全由市场机制自发调节文化市场，仍需要加强政府对其的引领作用，通过以扩大和放宽融资渠道、加快特色文化产业发展、转变经济发展方式等宏观支持举措来引导西部民族地区文化产业走向规模化。政府要制定针对西部民族地区文化产业发展的产业政策。除了国家和各部委颁布的与文化相关的发展政策、法规、规划外，西部民族地区还需要有针对性的文化产业政策。一方面，针对民族个性特征、不同的民族风俗习惯制定不同的文化产业鼓励政策；另一方面，针对文化产业发展水平不同，制定不同标准的文化产业政策。同时，针对不同的文化行业，制定不同的鼓励政策。对广告包装、创意设计等市场化程度高的行业政府要减少干预，对文化事业相关行业等市场化程度较低的行业政府要加大支持。

2. 销售渠道建设。

好的产品需要完善有效的营销体系使产品走向市场。西部民族地区应该建立起市场信息快速反应系统，把市场中的文化产品供给和需求信息迅速地反馈到市场中，实现供求均衡。政府可以建立艺术家或创意者平台，对文化产品的市场调研、产品研发、生产加工和市场流通进行服务。销售渠道和平台的建设应注意以下三个方面。

（1）西部民族地区文化产品要突出民族文化产品的地方特色，避免同类商品的同质化倾向，做到既延续地方的传统特色又能丰富民族文化产品的样式和内容。

（2）要建立西部民族地区文化产品的品牌，树立品牌意识，将西部民族地区文化产品打上诚信和质量的烙印，在突出西部民族地区文化产品品牌的同时，达到宣传拓展市场的作用。

（3）文化产品销售中应该注重对西部民族文化的宣传，将文化产品转化为承载民族文化历史的载体，既能保证产品的销量，又能促进相关产业和行业的蓬勃发展。

3. 培育新兴文化市场。

随着计算机和互联网技术的发展和普及，人们的生活方式和精神消费模式逐步发生变化，出现了以信息技术为基础的新兴文化产业，这些产业是全球未来经济新的增长点。西部民族地区要培育文化产业成为支柱性产业，实现文化产业转型发展，必须填补新兴文化产业空白，以培育完整的文化产业链，具体可从以下三个方面入手。

（1）推动文化资源新媒体开发。文化资源新媒体开发，就是利用多媒体技术，结合各种类型媒体的特色和功能，找到文化资源开发的各个环节与媒体的最佳契合点。一方面，利用技术手段实现媒体对文化的重构。当前的技术手段使得文化产品呈现出令人震撼的"超自然""超真实"特征。这些虚拟技术可以使西部民族传统文化内涵更加丰富、层次更加多元、产业链更长；另一方面，利用新媒体传播西部民族文化历史。例如，西安大雁塔的虚拟现实丝绸之路能够生动形象地再现古代文化背景，能够很好地提升文化产品的可接受度以及影响的广度和深度。

（2）体验式开发。文化资源开发的本质是为顾客提供一种或多种经历和体验，以进行体验式开发。西部民族地区具有丰富的民俗文化，是体验式文化产业的重要基础和来源。在确定民族文化体验主题的基础上设计体验路径，提升体验价值。提升服务体验价值可从餐饮服务中的体验氛围、导游人员的人性化服务、旅游产品的体验式设计等着手，营造全新的旅游互动体验氛围。

（3）错位开发。对于一定区域内既有关联又各具特色的文化资源，为了避免恶性竞争，可以采用互补性的错位开发方式。西部民族地区具有多民族性、多元性文化特征，具备错位开发的条件。西部民族地区错位开发的关键是各区域要发挥自身特色，找准定位。一方面，从文化资源上开发特色文化产业，包括自然资源和人文文化资源；另一方面，从商业模式上探讨新的组合方式，促进文化和其他产业融合发展，形成特色文化产业。

（三）文化资源产品创新开发

文化资源产品创新开发可以拓展文化市场、培育关联产业、延长产业链，是保证文化产业转型发展的重要途径。

1. 区域整合开发。

文化资源整合就是将零散的、独立的文化资源要素联系组合起来，使其建立起有机的联系，形成整体合力。西部民族地区文化资源整合的关键是必须有富有创意、能被市场接受的文化主题，也就是通过文化资源整合，形成主体化、市场化的文化产品。西部民族地区文化资源整合依赖于特色旅游文化线路设计。选取一条与主题相符的特色路线，把各个地点的文化资源连接起来，使旅游者能够体验不同角度的主题文化，同时让旅游者在不同的资源地转换时没有很大的文化跳跃。这样不仅自然地保持了各个文化资源的连续性，而且使旅游者从一个立体的、全方位的角度来感悟主题。

2. 氛围营造开发。

西部民族地区文化资源的主题需要相应的氛围烘托。文化资源的展示、旅游活动的开展需要一个良好的背景环境，恰当的氛围可以提供这样一个背景环境。要强化融入西部民族地区景区环境的旅游者感受，使其更加深刻地领会文化资源内涵。改善优化服务环境，建立高素质的服务人员队伍，提供丰富的人性化服务。此外，保护文化资源周围的自然环境，使自然环境与历史文化资源相得益彰，同时人文环境的营造要紧紧围绕历史文化资源主题展开。

3. 多层次开发。

文化资源存在不同的形态。文化资源多层次开发就是通过其形态的变换来对其文化内涵实现多层次、多角度的呈现。既可以同一文化主题通过不同艺术形式实现多层次开发，也可以同一文化内容通过不同文化载体的商业运作实现多层次开发。通过多层次开发，有助于西部民族地区文化产业提高文化内容附加值，拓展文化产业价值链。

三、强化文化产业转型发展制度设计

西部民族地区文化产业能否顺利实现转型发展在很大程度上需要相

关制度设计的推进。

（一）明确文化产业发展中政府与市场的作用

文化产业是一个前期投入较高、投入周期较长且不确定、预期收益风险较高的产业。在发展前期，文化产业实力相对薄弱，产业联盟尚未形成；相对于其他产业，文化产业前期投入机会成本较高，自由市场主体难以承受和维持文化产业发展，在利润最大化的目标驱动下，自由市场主体往往难以在文化产业发展初期投入大量资金，只有等待政府计划支持资金到位的经济红利不断释放之后，市场机制才能真正起到促进产业发展的作用。因此，相对其他产业而言，在文化产业的发展过程中，政府调控和引导更为重要。需要指出的是，政府在文化产业发展过程中发挥积极作用的同时需避免对文化市场过度干预。政府的作用主要包括以下两个方面。

1. 深化文化体制改革。

通过文化体制改革，减少行政干预，优化资源配置，把资金更多配置到有利于优化文化产业结构和完善文化产业链的项目上来。转变文化产业发展方式，由依靠投资拉动和资源开发向开发文化产业人力资源、鼓励文化产业创新、激发全社会创意活动等方面转变，以此带动西部民族地区文化产业转型发展。

2. 制度有针对性的文化产业扶持政策。

政府要将税收优惠政策落实到文化产业的创意设计、产品研发、市场营销等环节，要制定税收优惠、税收减免等具体措施；税收优惠政策要向中小文化企业给予适当倾斜。有条件的地区可以给予银行信贷税收优惠，鼓励银行增加对文化企业的授信。

（二）文化产业融资体系建设制度化

1. 大力发展第三方文化产业机构。

建立文化产业投资风险评估机制，完善知识产权评估体系。鼓励组建知识产权专利评估机构，减少融资双方信息不对称，解决文化企业无形资产评估难等问题。通过对现有担保机构的培训、补贴，推动担保模式创新，提高其与文化产业特征及融资需求的匹配程度。地方政府可以运用财政引导资金，创设文化产业融资再担保机构，对示范效应强、产业链带动大、社会效益广的文化融资担保项目提供再担保支持。

2. 探索知识产权集合担保融资。

可由多家中小文化企业签订合作协议，分别剥离各自知识产权汇集成知识产权池，并将其作为联合担保物向商业银行申请贷款，该模式的操作难度在于如何有效剥离知识产权组建产权池。一个备选方案是：由银行牵头，选择第三方评估机构来对联合文化企业的知识产权独立性和资产池价值进行评估，并将各自评估额度作为贷款份额依据来分配信贷额度。

3. 大力培养同时熟悉金融市场和文化产业的资本运营人才。

西部民族地区文化企业要加强学习如何利用资本市场加快扩张和整合。文化企业可以通过延揽专业金融人才、委派人员到金融企业培训学习，或者加强与金融机构的战略合作等方式，加强资本运营人才队伍建设，并充分利用并购重组、创业板、新三板等资本市场，做大做强文化产业。

（三）建设文化产业集聚区试点

通过建设文化产业集聚区试点，探索推进文化产业发展的有效制度，在西部民族地区推广并制度化相关措施。

1. 建立文化产业发展改革试验区。

在西部民族地区设立文化产业发展改革试验区。该区域重点加大文化体制机制改革力度，构建和培养统一开发、公平竞争的现代文化市场体系，探索具有示范意义和推广价值的文化资源管理机制和市场监管机制。

2. 建立文化产业发展引领区。

该区域是国家文化产业相关政策率先落地的区域。建立和完善激励文化产业改革创新的政策体系和组织架构，重点推进文化金融、版权交易、人才培养、管理创新等领域的政策创新。

3. 建立文化产业发展集聚区。

西部民族地区推动文化创意和设计服务与相关产业融合发展，促进文化与金融、科技等相关领域深度融合，带动和促进各种资源优化组合、高效配置，进一步激发文化活力。

4. 建立文化创意版权交易示范基地。

西部民族地区有必要建立政府引导、行业协会主导的文化创意版权交易示范基地。

5. 建立文化创意广告园区示范基地。

西部民族地区通过建设文化创意广告园区，可以提升优势媒体集团，并使其产生带动作用，进而改造升级传统广告产业、迅速发展新兴广告产业，逐步将园区建设成在全国有较高影响力和知名度的广告企业集聚中心、文化广告创意产业中心和广告资源交流中心。

6. 建立新媒体与文化产业融合发展示范基地。

对于新兴文化产业，西部民族地区要围绕数字电视、数字报业、新媒体广告、移动通信媒体和网络视听等行业，大力促进传统媒体与新兴媒体融合，着力打造一批具有竞争力、传播力、公信力和影响力的新型传媒集团，形成立体多样、融合发展的现代传媒体系。

（四）建立文化产业对外合作交流机制

1. 推进文化创意产业的开放与合作。

从西部民族地区实际情况出发，着力实施文化"走出去"战略，大力推进文化创意产业开放与合作，应重点把握以下方面：一是创新文化"走出去"模式和路径。健全、完善文化贸易扶持支撑体系，如成都市保税园区。二是加强文化产品国际化的价值重塑与升级。促进特色民族民俗文化与现代国际文化融合发展。依托各种产业园区和示范区，开展文化交流活动，逐步变政府主导为市场主导；以民族文化为依托，大力发展演艺事业，广泛提升消费者参与度，提高文化产业知名度和影响力，营造良好的产业发展环境。

2. 建立文化产业保税区。

文化产业保税区是将保税区享有的免税、保税政策扩展到文化产业领域，并根据文化产品的存储、展示、交易、创意、设计、生产等特点，运用保税区特殊政策进行制度创新和资源整合，形成适应文化产品规律、促进文化对外贸易发展的专门保税形式。文化产业保税区应当积极研究并制定文化产业发展规划，推进文化产品展示交易平台建设。同时，文化产业保税区应积极利用政策功能优势，按照打造"文化产业保税区"目标，加强文化产业项目招商，打造艺术品保税园区。

3. 建立文化产品交易自由结汇制度。

在文化产业园区试点建立文化产品交易自由结汇制度，将文化产业园区外汇资本金结汇的自主权和选择权完全赋予文化企业，为本区企业提供规避汇率波动风险的政策空间，有利于降低社会成本，进一步促进文化产品贸易投资便利化，切实服务实体经济发展。

（五）强化文化产业发展保障机制

一是充分发挥政府在平台建设、政策落实等方面的服务推动作用。

二是加大政策扶持力度，不断完善西部民族特色的各项扶植政策，如在房租、财税扶持等方面加大力度。

三是扶持重大产业项目、重点目标企业、创意人才，加快培育多元化市场主体，鼓励和引导社会资本以多种形式投资文化产业，进一步完善政府采购、信贷支持等服务形式，扶持中小文化企业发展。

四是研究启动小微文化企业孵化培育计划，鼓励搭建小企业融资担保平台，推动大中小文化企业协调发展。积极引进社会资本，加快民办艺术机构建设。

五是创新管理服务，努力解决园区餐饮、住宿、交通等生活配套服务设施问题，最大限度满足企业和个人的需求。在政务环境上，以与时俱进的眼光，不断推进政务环境规范化，创新研究决策机制、重大事项协调机制。

六是加强知识产权保护，探索在广告设计、出版传媒等产业领域建设知识产权试点示范企业和示范园区，营造公平竞争的环境。

第二节　西部民族地区文化产业转型发展的政策体系构建

一、土地政策

完善土地投入政策。土地投入政策是政策体系的重要内容之一，文化产业的发展同样需要土地的投入。经过不断发展与改革，我国在土地管理方面已经形成比较完善的土地政策，如何将土地投入参与到文化产业政策体系中，还需要有以下思考。

在国家土地政策许可的范围内，把文化产业发展用地纳入土地利用总体规划。西部地区应统筹制定区域土地资源配置政策。合理制定土地的供应计划和利用规划，可以根据文化产业发展总体要求，科学布局土地供应结构和总量，有计划地供应和给予优惠。例如，引进具有高新技术的文化企业总部、地区总部、大型集散中心、研发中心等，对其使用土地的供应方面优先扶持。制定合理有效的文化产业土地政策要立足于整体效益，遵循布局规律，按照统筹规划、因地制宜、发挥优势、分工合作的原则，协调各个地区的文化产业，优先确保文化产业集聚发展用地，并调动建设文化产业基础设施的积极性。要充分考虑本地区的资源禀赋、市场容量、技术成熟、产业关联性来选择合适本地区条件的发展重点和优势产业，避免地区间产业结构趋同化。发挥不同地区的比较优势，实施差异化的区域文化产业发展战略，加速区域性资源整合，形成区域之间文化资源共享、相互促进、互相拉动的一体化格局。积极引导各地深入研究本区域可供开发的特色文化资源，提出资源利用和转化规划，充分利用区域分工和产业转移来形成强有力的产业链。

二、财政政策

（一）创新财政政策，充分发挥财政资金的杠杆作用

财政支出是政府调节经济的主要杠杆之一。财政支出是文化产业发展的重要资金来源，财政支持文化发展主要体现在对文化事业的财政支出上。我国及西部地区现行财政政策在推动文化产业的良性发展方面起到了一定的作用，但是还不能够满足民族地区文化产业发展的需要。如财政资金投入有限；财政投入方式依然主要是针对文化产业本身发展的专项投入资金，还停留在"就事论事"阶段，财政资金的放大效应不明显；财政对于金融机构和社会资本进入文化产业的引导作用没有充分发挥，投入主体多元化与投入渠道多元化没有真正实现；等等。今后要不断创新扶持文化产业的财政政策，建立财政与现代金融工具相结合的新型财政政策，构建财政资金的市场化运作模式。充分发挥财政资金的杠杆作用，撬动金融和社会资本积极投入文化产业。政府对文化产业给予财政扶持，主要采取直接投入和间接投入两种方式，目前，以项目补贴、贷款贴息、政府采购、奖励为主要方式。今后要拓宽财政投资方式，采取项目补贴、贷款贴息、政府采购、奖励、贷款担保、股权投资、配套资助、陪同投入、后期赎金、创业投资引导基金等多种方式，充分发挥财政政策的杠杆作用，加大财政对文化产业发展的扶持力度。如北京市以文化产业发展专项资金管理办法为主体，分别出台了担保资金管理办法、创业投资引导基金管理办法、贷款贴息管理办法。除此之外，还要通过间接引导方式为文化产业发展搭建良好的平台，设立覆盖多领域、多层次的文化产业发展专项资金和基金，注重财政专项资金和基金政策的灵活性，拓宽文化产业资金来源，鼓励各类资金投入文化产业的建设，形成多样、灵活的财政专项资金和基金政策机制。例如，美国政府对文

化产业投资很大，联邦政府通过建立国家人文基金会、国家艺术基金会、博物馆学会等对文化产业提供资金支持，而各州和市镇政府以及联邦政府某些部门在文化方面也通过建立一些地方性基金或者协会给予文化产业特色文化产业投资引导基金，采取项目补贴、信贷贴息、奖励等方式，扶持特色文化发展相应的资助。

（二）拓宽融资渠道

依托文化和旅游部等政府部门与相关金融机构的部行合作机制，积极开拓符合西部民族地区尤其是边疆少数民族地区实际需要的多种形式的投融资渠道，由国家牵头组建西部民族地区文化产业投融资公共服务平台。鼓励社会资本投资；鼓励和支持有条件的民族地区设立特色文化产业投融资引导基金，采取信贷贴息、项目补贴、特色产业或成果奖励等方式，扶持民族特色文化发展。设立由政府财政出资引导，多渠道吸引其他社会资本投资，设立民族地区特色文化产业发展专项基金，为民族地区特色文化产业创业、创新发展提供资金支持。同时要降低我国文化领域民营资本进入门槛，吸引民营资本进入民族特色文化产业领域。特色文化产业基金要采用市场化、资本化运作模式，组建由有基金运作与管理经验的专家构成的管理团队进行专业管理。此外，还应探索土地融资新模式。西部民族地区属于我国少数民族聚居区，民族文化内容丰富、形式多样，文化传承人大多是民间艺人，且大部分都散布于农村牧区，土地是最主要的财产。为此，应探索建立土地融资新模式。例如，允许以土地的承包经营权向金融机构抵押融资，进行农村土地抵押贷款试点。充分利用"一带一路"的发展契机，加大对外开放力度，加大政策创新力度，依靠出台的政策来吸引外资、强化外商的投资力度，推动特色文化产业发展。建立健全文化企业投融资保障机制。例如，加快文化企业诚信体系建设，为文化企业融资提供信用保障。文化创意产品服务的偶然性以及文化市场的不可预估性导致文化产业融资风险相对较高，针对文化产业投融资的高风险性，应加快建立文化产权认定和评估机构，提高文化产权的资产化和证券化水平；同时还应探索建立财政对文化产业风险投资公司和信用担保公司的风险补偿机制，用于弥补亏损、降低风险业的税收政策不完善、不成体系。

（三）完善财政资金的使用和绩效考核机制

近年来，国家及西部民族地区都在逐渐加大财政支持文化产业的力度，但是资金使用的程序科学性不强，获得财政支持的项目绩效考核机制不完善。这主要表现在两个方面：一方面，财政资金的使用缺乏严格的申报、评审、使用程序，公开化程度不高，财政资金使用的监督机制不健全；另一方面，获得财政资金支持的对象在资金的使用上缺乏明确的要求，财政资金产生的绩效难以衡量。这两方面严重影响了财政资金的使用效率。今后，民族地区应进一步完善现有财政政策在财政资金的使用、绩效考核、反馈、约束等方面的制度设计，提高财政资金的使用效率。

三、税收政策

税收政策是国家进行宏观调控的重要杠杆，其在促进文化产业发展方面具有区别于其他政策的不可替代性。税收政策对正处在发展初期的文化产业具有特殊的价值，主要表现在税收政策支持对象的普遍性、不同主体获得支持的公平性、政策对于产业发展的杠杆撬动性等方面。通过税收优惠政策，文化产业可以获得更加广泛、公平、有效的支持。但是，目前我国的税收政策还存在以下问题，严重制约了税收对文化产业发展作用的发挥。

一是缺乏完善的文化产业的税收政策体系。纵观我国现行的文化产业税收政策，有关扶持和鼓励文化产业发展的税收优惠激励政策大多散落于各种财政税收政策法规、规划中，分布比较零散、不完整，且临时性税收政策扶持多，稳定的、长期性的鼓励扶持政策少，扶持文化产业发展的总体税收激励力度不大。至今还没有建立一套便于有效执行的、专门长期扶持和激励文化产业发展的税收政策激励体系，尤其是专门针对民族地区文化产业发展的税收激励政策更是几乎处于空白。在税收优惠处理方式方面，没有形成通过税率、纳税期限、征收管理、减免税、出口退税、成本核算、税项扣除、亏损弥补、投资抵免等手段方式来全面、规范地激励文化产业发展完整的税收政策体系。缺乏清晰的文化产业行业引导政策，使我国文化产业税收优惠政策在产业引导上的作用不够突出。

二是文化产业税负相对偏高，税收优惠政策公平性不够。一是文化产业税负相对偏高。例如，文化娱乐业除了要缴纳 20% 的营业税，还要缴纳 3% 的文化事业建设费，再加上其他收费，文化娱乐业综合税费负担很重。而纵观国外文化产业发展好的国家，大多数国家对报刊物、书籍、影视等文化产品征收的销售税税率都很低，一般都是正常税率水平的一半，有的国家甚至免税。相比之下，我国文化产品的增值税和营业税税率过高。二是文化产业税收优惠政策公平性不够。目前，对文化产业的税收优惠政策并不是适用所有文化企业，这既不利于文化产业公平竞争，也不利于鼓励社会资本投资文化产业。三是税收制度存在矛盾，制约了文化产业的发展。从我国目前对文化产业的税收政策上看，例如，一方面鼓励纳税人（企业或个人）通过各种形式的捐赠来扶持文化产业的发展；另一方面现行税收政策却又限制企业（个人）等纳税人捐赠。现行有关捐赠的税收政策存在的矛盾和不协调性，为企业及个人对文化产业税收政策的理解和执行带来了很大的困难。例如，《中华人民共和国企业所得税法》规定，对企事业单位、社会团体等社会力量通过国家批准成立的非营利性的公益组织或国家机关对宣传文化事业的公益性捐赠，纳税人缴纳企业所得税时，在其年度应纳税所得额 10% 以内的部分，可在计算应纳税所得额时予以扣除。而同时，企业或个人直接向相关文化团体、文化企业或文化个人的捐赠不得扣除，而且要纳税调整补交企业所得税等。

加强税收优惠政策是推动文化产业发展的重要策略之一。针对前面提出的我国具体的税收优惠政策只是散见于各税种之中，其优惠范围存在局限性，缺乏协调配合，导向并不明显，手段也比较单一等情况，今后应尽快完善我国文化产业税收政策体系建设。加强税收优惠政策的具体做法是：首先，扩大税收优惠的范围，开拓新兴文化业态。根据社会发展的新形势与变化，及时调整现行税收政策，不断完善促进科技进步和自主创新、科技成果转化等方面的政策，并下大力度加强对动漫产业、数字电视等新兴文化产业的税收优惠政策。其次，制定专项文化产业税收优惠政策，用税收推动文化产业发展，同时加快对文化产业的上、下游相关产业的发展进程。最后，提高优惠幅度和税率，具体的税收优惠政策主要通过以下两种方式来实现：一是实行差别税率；二是进行税金减免。例如，国家可以针对精神产品实行差别税率；对公益性较强的文化服务业设立较低的营业税税率，使其低于一般税目 5% 的税率 1~3 个百分点；对于利润率较高的文化娱乐业，可以实行 5%~20% 的浮动税率，如对销售图书、报纸、杂志等征收的增值税在 17% 的基本税率上适当下浮 3~5 个百分点；对于纯公益性文化事业产品或服务给予直接的税收减免。例如，教育文化事业单位新办的独立核算的企业经营单位，经税务机关批准，可在一年内减征或免征所得税。进一步完善非营利性文化组织的税收政策，减轻其税收负担。例如，在营业税改征增值税的试点中，把文化创意率先纳入试点范围，鼓励从事文化创意企业快速发展。

四、金融政策

金融政策是中央银行为实现宏观经济调控目标，采用各种方式调节货币、利率和汇率水平，进而影响整个经济运行的各项制度。金融政策主要包括货币政策、利率政策和汇率政策。金融支持是文化产业发展获得资金支持的重要途径。运用金融手段支持文化产业发展，能够调动全社会参与文化产业发展的积极性，因此，文化产业能够获得更广领域、更大规模的资金支持。

加强金融政策对文化产业发展的扶持力度，主要以分担风险为原则，制定差异性扶持的金融政策，对不同类别的业务和不同类型的文化企业要实行差异扶持。通过建立文化产业投资风险基金、贷款风险补偿基金和无形资产评估质押贷款等方式来扩大信贷规模，为文化企业融资提供保障。建立多层次贷款风险分担和补偿机制，使具有高科技开发能力的文化企业规避风险，勇于向新技术领域迈进。政府要引导金融机构与保险公司、担保公司和文化企业合作，拓展形式丰富的信贷业务。同时，推动金融产品和服务方式创新，根据文化企业主营产品的特点，积极开发适合各文化企业发展需求的金融产品。

基于文化产业的特点和我国金融市场的现状，支持文化产业发展的金融创新尤为重要。目前，针对文化产业发展的金融支持政策依然延续传统工业产业的融资模式，没有研究设计出一套符合文化产业特性的特殊金融政策，在信贷模式、担保模式、上市融资模式、大众筹资模式等方面创新不足。文化产业的金融创新可以借鉴两方面的经验：一是我国其他领域的融资模式。例如，可以借鉴有些地方针对农民的"五户联保"模式，成立中小文化企业的联合担保；可以大胆探索低门槛、大众参与、多样性、注重创意的众筹模式等。二是国外文化产业的融资模式。例如，美国进出口银行被美国政府赋予为中小型文化产业提供信贷担保和风险担保的职能，其还向外资投资者提供贷款优惠政策；许多地方证券交易所为扶持文化企业，特别是中小文化企业而提供融资帮助。

为了推动西部民族地区文化产业转型升级与高质量发展，需进一步强化文化产业的金融支持力度。一是建立多部门沟通机制，贯彻落实九部委《关于金融支持文化产业振兴和发展繁荣的指导意见》（2010）以及《西部地区鼓励类产业目录》等政策文件，细化金融扶持文化产业发展的办法措施，少数民族地区尤其要结合《中华人民共和国民族区域自治法》，创新金融政策，完善金融支持文化产业的配套机制。二是加大金融对文化产业的扶持力度，推动文化产业与金融资本的对接，建设西部民族地区文化产业投融资数据分析服务平台。通过整合西部民族地区文化产业投融资数据，全面、深度、详尽地分析研究西部民族地区文化产业投融资状况，为西部民族地区文化产业投融资提供数据支撑，为政府部门研究产业发展趋势和制定产业政策提供数据依据，为文化企业开展投融资与并购活动、为金融投资机构开展投资活动提供高价值的数据服务，解决民族地区文化发展领域投融资中投融资双方信息不对称和无法高效对接的难题。三是加强对特色文化企业的投融资服务。中央财政对符合支持条件的项目予以贷款贴息扶持。鼓励金融机构通过适当的利率优惠、提供小额贷款、信贷优先等方式加强对民族地区特色文化企业发展给予支持；同时要加强引导农村信用合作社、村镇银行、小额贷款公司等加大对中小特色文化企业，尤其是小微特色文化企业的信贷资金投放力度。鼓励金融机构进行金融产品和服务创新，为民族地区特色文化企业推出适合其特点的特色融资品种。利用现有文化企业上市工作机制，支持有条件的民族特色文化企业通过上市来融资。鼓励保险机构创新保险产品，为民族地区特色文化企业开通更加便捷的保险承保和理赔通道。探索建立完善的民族地区特色文化企业信用评价指标体系和无形资产评估确权体系，为民族地区特色文化企业融资提供有力的信用保障。

五、人才政策

强化人才培养政策。人才是文化产业发展的关键因素，人才短缺也是当前西部民族地区文化产业发展最大的制约因素，加强人才培养政策对促进文化产业发展是至关重要的。

（一）完善人才的培养机制，培育创新型人才

改善传统的分行业的教育模式，培养文化产业发展所需要的创意设计、科技研发、生产制作、运营管理、市场推广等多方位人才，形成人才供给链的长效机制；形成委托和定向培养人才的模式，建立培训人才

培养基地，开展国内外的学术交流。此外，还应采取一系列措施，多渠道为文化产业人才培养筹集资金，在经费上确保民族地区文化人才教育的发展。

（二）强化文化人才引进机制，建立人才库

强化文化产业人才的引进力度，特别注重高科技、高学历、高层次人才的引进，为地区文化产业的可持续发展提供强有力的人才队伍保障。建立文化产业专项人才信用机制和评价体系，为文化产业人才的合理流动和文化企业选人、用人给予有价值的参考标准。同时，要建立文化产业人才专项基金，为吸引专业人才提供资金上的保证。

（三）形成"产、官、学、研"一体化发展模式

一是建立地区文化产业发展政策研究咨询机构。负责整合民族地区文化领域的各类资源，为文化产业发展进行指导、科研引领、组织协调。搭建区域内文化产业建设、发展交流与合作平台，宣传产业发展最新动态，推介创新研究成果应用。开展文化项目的策划、可行性论证、成果预测、投融资咨询和市场推广等；搭建国内外文化产业交流与互动平台，将民族特色文化产业推向世界；为我国文化产业发展战略研究提供基础性数据支撑，使文化产业发展政策研究咨询机构成为一个集信息传播、对策分析、政策研究、危机应对及决策支持的智囊团。

二是建立"产、官、学、研"为一体的机构或中心。形成政府支持、机构研发、企业为平台的"产、官、学、研"一体化科学组织体系，将有利于培养大批优秀人才，从而得到科技创新，这也可加速科技成果转化、实现文化产业可持续发展。可以说，这是一项高效的产业组织形式。

（四）建立民间传承人保护和培养制度

西部民族地区拥有丰富的、可贵的文化遗产，这些文化遗产的传承

主要靠民间民族文化传承人来实现。民间艺人对于民族文化遗产的传承具有不可替代性。很多民间艺术因人而存，一个老艺人的去世，可能就意味着一种民俗的消失。因此，对于民族民间文化的保护，必须坚持"保艺又保人"的原则，制定具有针对性的特殊政策，对民族民间文化传人进行保护、培养和资助。

首先，要加强对民族民间文化传人现状的调查，加快民族民间艺人的认定工作，在此基础上，各级财政应拨出专款，对民族民间艺人进行保护并帮助其培养传承人。

其次，要帮助民间艺人在保存艺术原汁原味的基础上，吸纳现代生产经营与管理理念，促使其由"单一的手工精湛的制作者"，向既具有精湛的手艺，又具有"现代经营头脑"的现代民族文化产业经营者转变。

参考文献

［1］毕小青，王代丽. 基于"钻石模型"的文化产业竞争力评价方法探析［J］. 华北电力大学学报（社会科学版），2009（3）：54–58.

［2］蔡旺春. 中国文化产业关联程度与波及效应分析［J］. 统计与决策，2010（19）：96–98.

［3］曹清峰，王家庭，杨庭. 文化产业集聚对区域经济增长影响的空间计量分析［J］. 西安交通大学学报（社会科学版），2014，34（5）：51–57.

［4］陈波，王凡. 我国文化企业融资模式分析［J］. 学习与实践，2011（6）：112–117.

［5］陈洁，王广振. 文化产业众筹融资模式分析［J］. 牡丹江师范学院学报（哲学社会科学版），2016（2）：33–37.

［6］陈开来. 西部民族地区文化产业发展法律保障研究［J］. 南华大学学报（社科版），2012，13（4）：66–69.

［7］陈美华. 提升江西文化产业竞争力策略探析［J］. 江西社会科学，2014（8）：87–91.

［8］程丹艺. 英国文化创意产业融资对我国的启示［J］. 金融发展评论，2012（3）：153–158.

［9］从奎. 中国省际文化产业财政支出效率研究——基于 Malmquist 指数［J］. 未来与发展，2014（1）：73–79.

［10］戴钰. 湖南省文化产业投入产出分析［J］. 经济研究导刊，

2011（26）：66 – 68.

[11] 董亚娟. 区域文化产业效率的影响因素研究——基于随机前沿模型的分析 [J]. 商业经济与管理，2012（7）：29 – 39.

[12] 邓向阳，荆亚萍. 中国文化产业新业态创新模式及其发展策略 [J]. 中国出版，2015（16）：78 – 81.

[13] 范玉刚. 中国文化产业发展战略研究 [J]. 中原文化研究，2014（1）：70 – 77.

[14] 费钟琳，魏巍. 扶持战略性新兴产业的政府政策——基于产业生命周期的考量 [J]. 科技进步与对策，2013（3）：110 – 113.

[15] 冯根尧. 我国文化产业园区竞争力评价与省际差异研究——基于 31 个省市的实证分析 [J]. 中国科技论坛，2014（1）：69 – 75.

[16] 冯娟，王明礼，吕运红. 中小城市文化产业关联度分析——以邢台市为例 [J]. 商业时代，2013（2）：136 – 137.

[17] 冯子标，王建功. 文化产品、文化产业与经济发展的关系 [J]. 山西师大学报（社会科学版），2008（2）：91 – 94.

[18] 傅唤昌. 我国文化产业融资促进法律体系的完善 [J]. 法制与社会，2010（3）：18 – 19.

[19] 顾江，胡静. 江苏文化产业发展综合竞争力研究 [J]. 江苏社会科学，2008（4）：234 – 238.

[20] 顾江，昝胜锋. 亚洲国家文化产业集群发展模式比较研究 [J]. 南京社会科学，2009（6）：38 – 41.

[21] 郭琦. 西部少数民族地区文化产业发展研究 [D]. 包头：内蒙古科技大学，2013.

[22] 郭淑芬，郝言慧，王艳芬. 文化产业上市公司绩效评价——基于超效率 DEA 和 Malmquist 指数 [J]. 经济问题，2014（2）：75 – 78.

[23] 郭鸿雁. 论新型文化业态的发展机理 [J]. 现代传播（中国传媒大学学报），2012（8）：142 – 143.

[24] 韩骏伟，姜东旭. 区域文化产业 [M]. 广州：中山大学出版

社，2011.

[25] 韩顺法. 文化产业对相关产业的带动效应研究 [J]. 商业经济与管理，2012 (7)：21 – 28.

[26] 韩亚峰，焦伟娅. 基于投入产出的河南文化产业分析 [J]. 许昌学院学报，2010 (1)：127 – 129.

[27] 韩平，李顺彬. 我国文化与科技融合机理研究 [J]. 产业经济评论，2014 (3)：43 – 49.

[28] 韩平，程栋. 基于经济学视角的文化新兴业态形成机理分析 [C] //中国法经济学论坛论文集，重庆：重大学出版社，2012.

[29] 郝茜. 我国文化产业投融资研究 [D]. 长沙：湖南大学，2013.

[30] 贺寿昌. 创意产业价值系统的对外延伸与价值捕获 [J]. 湖南社会科学，2009 (2)：101 – 104.

[31] 侯艳红. 文化产业投入绩效评价研究 [D]. 天津：天津工业大学，2008.

[32] 胡惠林，陈昕. 中国文化产业评论. 第11卷 [M]. 上海：上海人民出版社，2010.

[33] 胡惠林. 文化产业学 [M]. 北京：高等教育出版社，2011.

[34] 胡慧源. 相关多样性、行业异质性与文化产业集聚——基于江苏分行业数据的实证研究 [J]. 上海财经大学学报，2014 (4)：36 – 43.

[35] 花建. 文化产业竞争力的内涵、结构和战略重点 [J]. 北京大学学报（哲学社会科学版），2005 (2)：9 – 16.

[36] 黄永兴，徐鹏. 中国文化产业效率及其决定因素：基于Boot-strap-DEA 的空间计量分析 [J]. 数理统计与管理，2014 (3)：457 – 466.

[37] 黄玉蓉，车达. 法国文化资助制度运作特点及其对中国的启示 [J]. 深圳大学学报（人文社会科学版），2015 (5)：110 – 115.

[38] 贾显维. 美国文化产业投融资机制及其对我国的启示 [J]. 山东纺织经济，2014 (6)：14.

[39] 江奔东. 文化产业经济学 [M]. 济南：泰山出版社，2008.

［40］江世银，覃志立．西部民族地区发展文化产业的路径创新研究［J］．理论与改革，2016（2）：145-149．

［41］蒋萍，王勇．全口径中国文化产业投入产出效率研究——基于三阶段 DEA 模型和超效率 DEA 模型的分析［J］．数量经济技术经济研究，2011（12）：69-81．

［42］靳晓婷．基于 AHP 的资源型文化产业竞争力评价方法［J］．统计与决策，2013（10）：81-84．

［43］康小明，向勇．产业集群与文化产业竞争力的提升［J］．北京大学学报（哲学社会科学版），2005（2）：17-21．

［44］乐祥海，陈晓红．中国文化产业技术效率度量研究：2000-2011 年［J］．中国软科学，2013（1）：143-148．

［45］乐祥海．我国文化产业投资模式研究［D］．长沙：中南大学，2013．

［46］乐祥海．中部六省区域文化产业竞争力评价研究：2009-2011［J］．系统工程，2013（3）：52-58．

［47］雷宏振，邵鹏，潘龙梅．我国文化产业集聚度测算及其分布特征研究——基于省际面板数据的分析［J］．经济经纬，2012（1）：42-46．

［48］雷宏振，宋立森．文化产业集群内组织间的知识外溢对知识创新的影响研究［J］．软科学，2011（4）：14-18．

［49］李季．我国文化产业财税政策研究［D］．大连：东北财经大学，2013．

［50］李康化．文化产业研究读本［M］．上海：上海人民出版社，2011．

［51］李诗洋．基于国际经验完善我国文化创意产业税收政策的对策研究［D］．上海：上海海关学院，2016．

［52］李兴江，孙亮．中国省际文化产业效率的区域差异分析［J］．统计与决策，2013（20）：124-128．

[53] 李雪茹. 区域文化产业竞争力评价分析：基于 VRIO 模型的修正 [J]. 人文地理，2009 (5)：76 - 80.

[54] 连玮佳，李健. 隐性知识传递对于我国创意产业集聚的影响 [J]. 科学学与科学技术管理，2009 (8)：113 - 116.

[55] 梁丽转. 文化创意产业投融资风险研究 [D]. 秦皇岛：燕山大学，2012.

[56] 林毅夫. 新结构经济学——反思经济发展与政策的理论框架 [M]. 苏剑，译. 北京：北京大学出版社，2012.

[57] 林毅夫，刘培林. 以加入 WTO 为契机推进国有企业改革 [J]. 管理世界，2001 (2)：27 - 36.

[58] 刘志彪. 提升生产率：新常态下经济转型升级的目标与关键措施 [J]. 审计与经济研究，2015 (4)：77 - 84.

[59] 刘保昌. 文化产业集群研究三题 [J]. 江汉论坛，2008 (6)：135 - 138.

[60] 刘敬. 山东省文化产业与经济增长关系的实证研究 [D]. 唐山：河北联合大学，2014.

[61] 刘丽娟. 文化资本运营与文化产业发展研究 [D]. 吉林：吉林大学，2013.

[62] 刘利成. 文化创意产业财政投入政策分析 [J]. 中国财经信息资料，2011 (1)：20 - 23.

[63] 刘珊. 我国文化产业空间集聚变化趋势及其影响因素 [J]. 商业时代，2014 (26)：118 - 119.

[64] 刘亚铮，冉娜娜. 文化产业上市公司融资效率评价及优化 [J]. 商业时代，2014 (4)：135 - 136.

[65] 刘莹. 文化产业与相关产业的灰色关联度分析 [J]. 沈阳工业大学学报（社会科学版），2012 (2)：163 - 167.

[66] 鲁忠慧. 宁夏文化产业研究报告 [M]. 银川：宁夏人民出版社，2012.

[67] 陆岷峰，张惠. 文化产业大发展的金融支持系统研究 [J]. 江西财经大学学报，2012（2）：26－34.

[68] 吕元白，侯俊军. 我国文化产业的融资约束及解决对策 [J]. 金融理论与实践，2014（12）：44－48.

[69] 马跃如，白勇，程伟波. 基于 SFA 的我国文化产业效率及影响因素分析 [J]. 统计与决策，2012（8）：97－101.

[70] 梅国平，刘珊. 中国文化产业链与空间集聚的评估 [J]. 统计与决策，2014（19）：133－136.

[71] 孟来果. 我国西部民族地区文化产业发展对策研究 [J]. 学术交流，2013（8）：200－203.

[72] 孟桃，徐宏峰，何逢标. 文化产业的支撑产业选择研究——以江苏省为例 [J]. 商业时代，2014（32）：136－138.

[73] 庞洪伟，巩艳红，徐爱燕. 西藏文化产业对经济增长的实证研究 [J]. 西藏发展论坛，2012（3）：13－17.

[74] 祁述裕，孙博，曹伟，等. 2000－2014 年我国文化产业政策体系研究 [J]. 东岳论丛，2015（5）：57－64.

[75] 祁述裕，殷国俊. 中国文化产业国际竞争力评价和若干建议 [J]. 国家行政学院学报，2005（2）：50－53.

[76] 屈学书，矫丽会. 运城文化产业集群发展对策研究 [J]. 地域研究与开发，2014（2）：83－87.

[77] 沈继松，胡惠林. 我国文化产业结构内生动力机制探究 [J]. 学术论坛，2016，9（10）：139－144.

[78] 时杰. 战略性新兴产业发展中的政府角色 [J]. 领导之友，2010（5）：10－11.

[79] 孙彤，侯璐，齐庆祝. 国内文化产业融资环境的评价 [J]. 统计与决策，2012（12）：49－52.

[80] 田贵生. 文化产业集群竞争力评价模型 GEMC 构建 [J]. 企业经济，2014（1）：111－114.

[81] 田忆楠. 我国文化创意产业融资工具选择研究 [D]. 长春：东北师范大学，2012.

[82] 王兵，吴延瑞，颜鹏飞. 中国区域环境效率与环境全要素生产率增长 [J]. 经济研究，2010 (5)：95 - 109.

[83] 王兵，朱宁. 不良贷款约束下的中国银行业全要素生产率增长研究 [J]. 经济研究，2011 (5)：32 - 45.

[84] 王花毅. 文化产业聚集中的产业链关联性研究 [D]. 西安：陕西师范大学，2010.

[85] 王慧敏. 文化创意产业集聚区发展的 3.0 理论模型与能级提升——以上海文化创意产业集聚区为例 [J]. 社会科学，2012 (7)：33 - 41.

[86] 王家庭，张容. 基于三阶段 DEA 模型的中国 31 省市文化产业效率研究 [J]. 中国软科学，2009 (9)：75 - 82.

[87] 王锟. 金融支持文化产业发展研究 [D]. 济南：山东财经大学，2013.

[88] 王述芬. 推动文化产业成为新疆国民经济特色产业研究 [D]. 乌鲁木齐：新疆大学，2015.

[89] 王颖. 全球化背景下中国文化产业竞争力研究 [D]. 长春：吉林大学，2007.

[90] 王志标. 文化产业关联效应分析 [J]. 统计与决策，2009 (20)：88 - 90.

[91] 王志标. 文化产业链设计 [J]. 科学学研究，2007 (2)：245 - 249.

[92] 王淑娟. 河北省文化产业竞争力提升研究 [J]. 特区经济，2010 (9)：72 - 73.

[93] 魏来. 中国文化经济的理论渊源与现代分析 [D]. 长春：吉林大学，2012.

[94] 魏鹏举. 中国文化产业投融资的现状与趋势 [J]. 前线，2014 (10)：43 - 46.

[95] 魏曙光. 内蒙古文化产业对经济增长的影响分析 [J]. 生产力研究, 2010 (6): 207-209.

[96] 魏下海, 王岳龙. 城市化、创新与全要素生产率增长——基于省际面板数据的经验研究 [J]. 财经科学, 2010 (3): 69-76.

[97] 魏下海, 张建武. 人力资本对全要素生产率增长的门槛效应研究 [J]. 中国人口科学, 2010 (5): 48-57.

[98] 吴利华, 张宗扬, 顾金亮. 中国文化产业的特性及产业链研究——基于投入产出模型视角 [J]. 软科学, 2011 (12): 29-32.

[99] 吴绍琪, 王智勇, 李东宇. 西部民族地区发展文化产业的路径研究 [J]. 贵州民族研究, 2008 (1): 134-139.

[100] 伍业锋. 文化产业关联特征的动态分析——基于广东省2002年和2007年的投入产出数据 [J]. 产经评论, 2011 (2): 5-1.

[101] 席元凯. 江西文化产业空间集聚及其影响因素分析 [J]. 商业时代, 2014 (21): 138-139.

[102] 夏萍. 试论我国文化产业建设中存在的问题及发展思路 [J]. 当代经济, 2013 (4): 78-79.

[103] 夏仕平. 新型文化业态及赢利模式初探 [J]. 当代经济, 2013 (3): 28-29.

[104] 肖博华, 李忠斌. 我国文化产业区域集聚度测算及影响因素研究 [J]. 统计与决策, 2014 (18): 94-97.

[105] 肖兴志. 中国战略性新兴产业发展战略研究 [J]. 经济研究参考, 2011 (7): 47-60.

[106] 熊建练, 肖楚博, 任英华. 我国城市文化产业集聚竞争力比较研究 [J]. 统计与决策, 2017 (1): 60-63.

[107] 闫小明. 文化企业自主融资困境与创新融资方式探究 [D]. 济南: 山东大学, 2013.

[108] 杨京钟, 洪连埠. 法国文化产业税收政策对我国的借鉴 [J]. 税务研究, 2012 (12): 88-91.

[109] 杨京钟. 日本文化产业财政政策对中国的启示 [J]. 郑州航空工业管理学院学报, 2011 (6): 51 - 54.

[110] 叶丽君, 李琳. 我国区域文化产业竞争力评价与差异分析 [J]. 科技管理研究, 2009 (3): 94 - 97.

[111] 袁海, 曹培慎. 中国文化产业区域集聚的空间计量分析 [J]. 统计与决策, 2011 (10): 77 - 80.

[112] 袁海, 吴振荣. 中国省域文化产业效率测算及影响因素实证分析 [J]. 软科学, 2012 (3): 72 - 77.

[113] 岳芃. 西安文化创意产业的产业关联度分析 [J]. 西安交通大学学报 (社会科学版), 2008 (6): 13 - 16.

[114] 尹宏祯. 推动文化产业成为西部民族地区支柱性产业研究 [M]. 成都: 西南财经大学出版社, 2017.

[115] 张彩凤, 苏红燕. 全球化与当代中国文化产业发展 [M]. 济南: 山东大学出版社, 2009.

[116] 张惠丽, 王成军, 金青梅. 基于 ISM 的城市文化产业集群动力因素分析——以西安市为例 [J]. 企业经济, 2014 (4): 112 - 115.

[117] 张京成, 刘光宇. 创意产业的特点及两种存在方式 [J]. 北京社会科学, 2007 (4): 3 - 8.

[118] 张龙安. 英国发展文化创意产业的融资经验及启示 [J]. 贵州农村金融, 2011 (12): 14.

[119] 张培奇. 十年来我国文化产业政策变迁研究 (1997 - 2007) [D]. 上海: 上海交通大学, 2009.

[120] 张璞, 赵周华. 少数民族特色产业的内涵和特征分析 [J]. 前沿, 2011 (17): 152 - 155.

[121] 张天. 文化产权交易市场是破解文化与资本对接瓶颈问题的有效通道 [J]. 中国资产评估, 2014 (1): 7 - 11.

[122] 张岩. 对改善少数民族地区文化产业融资难的思考——以新疆巴音郭楞蒙古自治州为例 [J]. 西部金融, 2011 (6): 60 - 61.

［123］张振鹏，马力．文化创意产业集群形成机理探讨［J］．经济体制改革，2011（2）：176－180．

［124］赵佳．中国少数民族文化产业融资支持问题研究［D］．北京：中央民族大学，2017．

［125］赵家仪．我国文化产业保险发展研究［D］．沈阳：辽宁大学，2013．

［126］赵南哲．新疆文化产业投资支持研究［D］．乌鲁木齐：新疆师范大学，2016．

［127］赵琼，姜惠宸．文化产业上市公司效率评价及影响因素分析——基于DEA模型的分析框架［J］．经济问题，2014（9）：52－58．

［128］赵然．文化产业投资动态效率及分解研究——基于DEA-Malmquist指数的河南分析［J］．金融理论与实践，2014（6）：58－61．

［129］赵伟．陕西省文化产业与经济增长关系研究［D］．南京：南京大学，2012．

［130］赵文军，于津平．贸易开放、FDI与中国工业经济增长方式——基于30个工业行业数据的实证研究［J］．经济研究，2012（8）：18－31．

［131］赵晓红，晏雄．西部少数民族文化资源富集地区文化产业集群异质性及发展路径［J］．云南民族大学学报（哲学社会科学版），2016（3）：157－160．

［132］赵彦云，刘思明．中国专利对经济增长方式影响的实证研究：1988－2008年［J］．数量经济技术经济研究，2011（4）：34－48．

［133］赵彦云，余毅，马文涛．中国文化产业竞争力评价和分析［J］．中国人民大学学报，2006（4）：72－82．

［134］赵志华．以金融创新支持内蒙古文化产业发展［J］．实践：思想理论版，2011（1）：49－50．

［135］曾诗鸿，狐咪咪．我国文化产业投融资现状及对策建议［J］．经济研究参考，2014（14）：63－68．

［136］郑京海，胡鞍钢. 中国的经济增长能否持续——一个生产率视角［J］. 中国投资，2008（3）：118.

［137］郑世林，葛珺沂. 文化体制改革与文化产业全要素生产率增长［J］. 中国软科学，2012（10）：48－58.

［138］郑仕华. 文化产业对经济增长的促进作用实证研究——基于浙江省2007年投入产出表的分析［J］. 生产力研究，2012（4）：194－195.

［139］周强. 文化创意产业的关联方式研究——基于文献综述的思考［J］. 福建商学院学报（原福建商业高等专科学校学报），2013（6）：26－31.

［140］朱智文，李曼. 甘肃省区域文化产业竞争力比较分析［J］. 开发研究，2013（6）：49－54.

［141］朱迎春. 政府在发展战略性新兴产业中的作用［J］. 中国科技论坛，2011（1）：20－24.

［142］ARELLANO M，BOND S. Some Tests of Specification for Panel Data：Monte Carlo Evidence and an Application to Employment Equations［J］. Review of Economic Studies，1991（2）：277－297.

［143］BAEKER G. Measures and Indicators in Local Cultural Development［M］. Municipal Cultural Planning Project，2002.

［144］BÁEZ A，HERRERO L C. Using Contingent Valuation and Cost-benefit Analysis to Design a Policy for Restoring Cultural Heritage［J］. Journal of Cultural Heritage，2012（3）：235－245.

［145］BANKER R D，CHARNES A，COOPER W W. Some Models for the Estimation of Technical and Scale Inefficiencies in Data Envelopment Analysis［J］. Management Science，1984（9）：1078－1092.

［146］BETTIG R V. Copyrighting Culture：The Political Economy of Intellectual Property［M］. Westview Press，1996.

［147］BLUNDELL R，BOND S. Initial Conditions and Moment Restrictions in Dynamic Panel Data Models［J］. Journal of Econometrics，1998

（1）：115 - 143.

［148］BARDHAN P. On Optimum Subsidy to a Learning Industry：An Spect of the Theory of Infant-industry Protection ［J］. International Economic Review，1971（1）：54 - 70.

［149］CAVES D W，CHRISTENSEN L R，DIEWERT W E. The Economic Theory of Index Numbers and the Measurement of Input，Output，and Productivity ［J］. Econometrica：Journal of the Econometric Society，1982：1393 - 1414.

［150］CHARNES A，COOPER W W，RHODES E. Measuring the Efficiency of Decision Making Units ［J］. European Journal of Operational Research，1978，2（6）：429 - 444.

［151］CUNNINGHAM S D. From Cultural to Creative Industries：Theory，Industry and Policy Implications ［J］. Media International Australia Incorporating Culture & Policy，2002（102）：54 - 65.

［152］CURRID E. New York as a Global Creative Hub：A Competitive Analysis of Four Theories on World Cities ［J］. Economic Development Quarterly，2006（4）：330 - 350.

［153］DRAKE G. "This Place Gives Me Space"：Place and Creativity in the Creative Industries ［J］. Geoforum，2003（4）：511 - 524.

［154］FARE R，GROSSKOPF S，LOVELL C A K. Production Frontiers ［M］. Cambridge University Press，1994.

［155］FLEW T，CUNNINGHAM S. Creative Industries after the First Decade of Debate ［J］. The Information Society，2010（2）：113 - 123.

［156］FLORIDA R，TINAGLI I. Europe in the Creative Age ［M］. Carnegie Mellon Software Industry Center，2004.

［157］FLORIDA R. The Rise of the Creative Class ［J］. Washington Monthly，2002（5）：593 - 596.

［158］FRIED H O，LOVELL C A K，SCHMIDT S S，et al. Accounting for Environmental Effects and Statistical Noise in Data Envelopment Analy-sis [J]. Journal of Productivity Analysis, 2002 (1/2): 157 – 174.

[159] GALLOWAY S, DUNLOP S. A Critique of Definitions of the Cultural and Creative Industries in Public Policy [J]. International Journal of Cultural Policy, 2007 (1): 17 – 31.

[160] GORNOSTAEVA G, CHESHIRE P. Media Cluster in London [J]. Cahiers de L' IAURIF, 2002 (4): 151 – 160.

[161] GRECO A N. The Impact of Horizontal Mergers and Acquisitions on Corporate Concentration in the US. Book Publishing Industry: 1989 – 1994 [J]. Journal of Media Economics, 1999 (3): 165 – 180.

[162] GUAN Z, LANSINK A O. The Source of Productivity Growth in Dutch Agriculture: A Perspective from Finance [J]. American Journal of Agricultural Economics, 2006 (3): 644 – 656.

[163] JONDROW J, LOVELL C A K, MATEROV I S, et al. On the Estimation of Technical Inefficiency in the Stochastic Frontier Production Func-tion Model [J]. Journal of Econometrics, 1982 (2 – 3): 233 – 238.

[164] KRUGMAN P. Increasing Returns and Economic Geography [J]. Journal of Political Economy, 1991 (3): 483 – 499.

[165] LAZZERETTI L, BOIX R, CAPONE F. Do Creative Industries Cluster? Mapping Creative Local Production Systems in Italy and Spain [J]. Industry and innovation, 2008 (5): 549 – 567.

[166] MICHAEL E, Porter. The Competitive Advantage of Nations [M]. The Free Press, 1990.

[167] MALMQUIST S. Index Numbers and Indifference Surfaces [J]. Trabajos de Estadística, 1953 (2): 209 – 242.

[168] MANAGI S, JENA P R. Environmental Productivity and Kuznets Curve in India [J]. Ecological Economics, 2008 (2): 432 – 440.

[169] MOLOTCH H L. A as Design Product: How Art Works in a Re-

gional Economy ［J］. The city: Los Angeles and Urban Theory at the End of the Twentieth Century, 1996: 225 – 275.

［170］MOMMAAS H. Cultural Clusters and the Post-industrial City: Towards the Remapping of Urban Cultural Policy ［J］. Urban Studies, 2004 (3): 507 – 532.

［171］NACHUM L, KEEBLE D. Foreign and Indigenous Firms in the Media Cluster of Central London ［C］// ESRC Centre for Business Research, 2000: 171 – 192 (22).

［172］O'CONNOR J. The Cultural and Creative Industries: a Literature Review ［M］. Creativity, Culture and Eduction, 2010.

［173］PELTONIEMI M. Cultural Industries: Product-market Characteristics, Management Challenges and Industry Dynamics ［J］. International Journal of Management Reviews, 2014 (1): 41 – 68.

［174］POTTS J, CUNNINGHAM S. Four Models of Creative Industries ［J］. International Journal of Cultural Policy, 2008 (1): 163 – 180.

［175］POTTS J. Creative Industries and Economic Evolution ［M］. Edward Elgar, 2011.

［176］POWER D. "Cultural Industries" in Sweden: An Assessment of Their Place in the Swedish Economy ［J］. Economic Geography, 2002 (2): 103 – 127.

［177］PRINCE R. Globalizing the Creative Industries Concept: Travelling Policy and Transnational Policy Communities ［J］. Journal of Arts Management Law & Society, 2010 (2): 119 – 139.

［178］RIZZO I, THROSBY D. Cultural Heritage: Economic Analysis and Public Policy ［J］. Handbook of the Economics of Art and Culture, 2006 (1): 983 – 1016.

［179］ROODMAN, DAVID M. How to Do Xtabond 2: An Introduction to "Difference" and "System" GMM in Stata ［J］. 2009 (1): 86 – 136.

［180］REDDING S. Dynamic Comparative Advantage and The Welfare Effects of Trade ［J］. Oxford Economic Papers, 1999（1）: 15 - 39.

［181］SCOTT A J. Cultural-products Industries and Urban Economic Development: Prospects for Growth and Market Contestation in Global Context ［J］. Urban Affairs Review, 2004（4）: 461 - 490.

［182］SCOTT A J. The Cultural Economy of Cities ［J］. International Journal of Urban and Regional Research, 1997（2）: 323 - 339.

［183］SUCCAR P. The Need for Industrial Policy in LDC's: aRe-statement of the Infant Industry Argument ［J］. International Economic Review, 1987（2）: 521 - 534.

［184］THROSBY D. Economics and Culture ［M］. Cambridge University Press, 2001.

［185］THROSBY D. Modelling the Cultural Industries ［J］. International Journal of Cultural Policy, 2008（3）: 217 - 232.

［186］TOWSE R. Copyright and the Cultural Industries: Incentives and Earnings ［J］. Paper for Presentation to the Korea Infomedia Lawyers Association, 2000.

［187］TOWSE R. Copyright in the Cultural Industries ［M］. Edward Elgar, 2002.

［188］TOWSE R. Cultural Industries ［J］//A Handbook of Cultural Economics. Edward Elgar, 2003.

［189］TUROK I. Cities, Clusters and Creative Industries: the Case of Film and Television in Scotland ［J］. European Planning Studies, 2003（5）: 549 - 565.

［190］ZHOU B. Evaluation on the International Competitiveness of Japanese Culture Industry ［J］. Metallurgical & Mining Industry, 2015（58）: 65 - 76.